生命禮俗

臺南

禮俗研究

張耘書
鄭佩雯
◎著

U0023742

禮香炮燭

頭尾禮

六色喜糖

喜餅

迎親

新人
花轎

日頭餅

聘金首飾

局長序
留下生命禮俗的運作軌跡

　　「生命禮俗」係一個民族對待生命的態度，從出生、成年、結婚到終老，都有一套運作模式，久之成俗，並成為生活一部分，裡頭蘊藏著豐厚的人生哲理與生命史觀，這是人生極為重要的生命議題，也是一個城市發展極具特色的文化課題。為此，本專輯（第7輯）特以「大臺南生命禮俗專輯」為題，規劃出版《臺南生育禮俗研究》（吳建昇、陳志昌）、《臺南嫁娶禮俗研究》（張耘書、鄭佩雯）、《臺南喪葬禮俗研究》（楊士賢）、《臺南牽亡歌陣研究》（吳碧惠）等4書，廣泛調查研究大臺南生命禮俗的種種樣態，藉此開拓更為寬廣的文化視野，為這個時代留下生命禮俗的運作軌跡及其多元現象。

　　除此之外，為豐富「大臺南文化叢書」的內容與內涵，本專輯也特別規劃《臺南請水儀式研究》（周宗楊）、《臺南過火儀式研究》（吳明勳）等兩書，全面探討大臺南請水與過火民俗的諸多樣貌及其儀式意義，呈顯大臺南更為多樣的信仰文化，展現城市治理與文化發展的人文特色。

　　本專輯所邀請執筆的寫手，都是該議題的學者專家，長期浸染其研究領域，已多有掌握相關資料，再經一年的調查研

究，更能精準的梳理出每一主題的來龍去脈、豐富內容及其文化詮釋，皆值得一讀。

　　「大臺南文化叢書」以接地氣的心情，長期規劃出版在地文史專書，每一年幾乎都是規劃中、研究中和出版中等三位一體的同步進行，從不間斷，因此，2010年縣市合併後迄今短短9年間，這套叢書已出版54冊，委實為「臺南學」奠下基礎；未來，文化局一本初衷，繼續出版優良史書。

臺南市政府文化局局長

臺
南
嫁
娶
禮
俗

作者序
紀錄執手之約、抱柱之盟

　　婚禮締結兩個不同家族的交好，不僅是兩家大事，更擔負承先啟後之重責，因此自古以來皆視婚禮為禮之根本，制定隆重的儀節公開宣告，具有其社會性意義。透過儀式的進行，象徵新人過渡到人生另一個階段，而在社會性意義建構過程中，也協助男女雙方調適身心，以面對即將轉換的新身分與背後所應承擔的責任。由於婚禮是人生重要的生命禮俗，俗謂「終身大事」，傳統上禮俗十分繁瑣複雜，一切循規合矩，必謹必慎，然而隨著時代演進與社會變遷，許多儀俗逐漸簡化，加以婚禮業者的興起與涉入，更引導或改變部分禮俗。

　　舉凡經歷過嫁娶儀式者，應該都對禮俗的繁文縟節印象深刻，但大部份人都只知其然而不知其所以然，如訂婚時男家的聘禮有哪些、有何意涵？女方回禮中的生鐵、釘子用意為何？迎娶時，禮車上為何要綁青竹、甘蔗與豬肉？入門前過火爐、踩瓦片象徵何意？婚禮中的靈魂人物——「婆仔」又該講哪些好話？食新娘茶時，親戚接受敬茶的先後次序？以及婚後舅仔為何要探房？臺南女兒出嫁，早年還有回娘家歇熱（放暑假）的習俗，演變至今，回門禮俗又有哪些？……綜觀嫁娶過程，

箇中禁忌與鋩角（mê-kak）難以計數！儘管兩位筆者皆已婚，卻都是在撰寫本書的過程才對婚俗更加了解；而分別來自臺南和臺北，田調訪談後也發現臺灣各地的嫁娶禮俗已漸趨形式化。不過，臺南古都歷史悠久，許多民情仍保有古風，加上厚禮數、重門面，對婚姻大事的慎重與長期積累的嫁娶文化，相對留下較多的傳統禮俗，從這些細節中也得以窺見大同之下的小異與地方特色。

　　禮俗反映不同時代的生活模式及價值觀，時移俗易在所難免，然而，其背後趨吉避凶、祈福納祥的本質與白首偕老的寓意始終不變。筆者盡力紀錄臺南嫁娶禮俗的傳承與變遷，今昔之況，也特別感謝戴文鋒教授的審稿，編輯與諸多受訪者的協助，讓本書能夠順利出版。謹以本書所記，期能將執子之手、白首偕老的美好祝福代代相傳。

張耘書　鄭佩雯

臺南嫁娶禮俗

Contents ｜ **目錄**

Contents　│　**目錄**

第 一 章

前言

　　臺灣婚俗源自中國，臺南曾是臺灣首邑，極早有大量漢人移居開墾，既承襲先民流傳的嫁娶儀俗，且經歷不同政權統治下外來文化的影響，交融整合，使臺南婚俗蘊含傳統與日本、西方文化的精髓，並與時俱進、因地制宜的發展形成具地方特色的婚嫁文化。

　　中國最早的婚姻制度起源於上古時代，相傳伏羲制嫁娶，女媧立媒約，才開始建立婚姻關係，且初始婚姻形式簡單直接，先有「夫婦之道」，後才有「嫁娶」之儀，經歷漫長歲月的發展，至周代「六禮」始備，遵循「三書六禮」之儀，秦漢以後再漸形成定制，成為歷代婚禮儀式的基礎範本。臺灣傳統婚禮大致上仍源自六禮，依序為納采、問名、納吉、納徵、請期、親迎，舊時嫁娶必定經明媒正娶、六禮齊到，才算正婚，婚禮方告完備。然而，禮乃由俗演變轉化而

■ 婚姻從過去憑父母之命、媒妁之言，到今日自由戀愛而後結婚，嫁娶禮俗也有很大的變化。（陳清泉提供）

■ 古時新郎親迎，新娘乘轎，有明媒正娶、正婚之意。

來，隨著時代演進與社會價值觀的變遷，風移俗易，舊時封閉社會仰賴媒人奔走撮合，憑藉父母之命而定的婚姻關係逐漸瓦解，男女間的婚約由「父母之命、媒妁之言」轉為自由戀愛，原本遵循的三書六禮也化繁為簡，從「六禮」、「四禮」、「三禮」，到近代「結婚」一詞逐漸取代嫁娶二字，如今新人多以訂婚、結婚「二禮」完成終身大事。

除了婚禮過程與儀式的轉變外，隨著工商社會與潮流西化的驅使下，新人婚約形式也產生重大變革，尤其在進入法治社會後，從禮制到法制，主要規範男女雙方婚約的不再是風俗與

臺南嫁娶禮公

倫理，而是依法而行，法律成了最強有力的實質規範後，婚約效力也從過去的「尊長權」，轉為建立於法理之上，不僅婚姻裡個人自由意志提高，從過去的家族與社會認可到多了法律的保障，婚約效力的變化更賦予終生共同生活為目的之男女雙方，建構另一層面的家庭與社會制度，以及實質的權利與義務。

　　本書從傳統漢人婚姻的文化脈絡檢視古今嫁娶禮俗，透過古籍舊志與田調訪談，紀錄臺南嫁娶禮俗，並探討婚禮儀俗與時俱進的演變軌跡，以及不同時代下所反映出的生活模式與價值觀。從過去到現在，婚禮無論在內涵、形式、過程與儀式等皆已產生很大的變異，尤其隨著時代演進，現代人追求便利，傳統禮俗文化更逐漸被遺忘，所幸臺南相較於其他地區，民風

■ 日治時期傳入大量的東洋與西方文化，一路影響至戰後，嫁娶禮俗產生重大變革。（石允忠提供）

仍較為純樸，加以厚禮數、重門面，至今嫁娶文化仍備受重視，相對保留較多的傳統禮俗，從細微處也可窺見大同之下的小異，形成在地特色。而無論婚禮儀俗如何變遷，簡單或隆重、傳統或創新，不變的依舊是其背後執子之手，與子偕老的美好期盼，將紅葉之盟化作白首相伴的深深祝福！

第二章

漢人傳統嫁娶文化概述

　　一個民族或族群受自然、地理環境與氣候等現實條件影響，發展出不同的生活模式，並且代代相傳，即為文化。文化起源自人類的生活，也反映在生活各層面，包含語言文字、宗教信仰、藝術美學、服飾器物、價值觀念……等，而禮儀習俗便是其中重要一環，人類透過共同遵守禮俗，傳遞了認同感與價值觀，維繫且規範彼此關係。

　　「禮」是社會的行為準則，「俗」指民間的生活習慣。人類從出生到死亡，隨著生命成長，必須經歷多次身分、角色的轉變，在生命每個重要的關鍵時期（critical periods），當事人常在心理、或社會關係變化適應上遇到困難，猶如面對一道道關卡，為讓個人在面對生命轉折或身分轉換時，有規可循，同時也協助個體安然地過渡到另一個階段或轉換角色與身分，往往會藉由各種儀

式性活動，來公告轉變的訊息，或提供一段緩衝、調適的過程，以祈求平安順利進入新的人生階段，成功扮演新的角色。[1]

結婚，由單身到成家，是生命週期中最複雜的轉變，男女雙方透過締結婚姻來建立彼此的親屬關係，共同組織家庭，個人與雙方原生家庭都要面對新成員的加入，並有所因應。此種結合常用公開儀式，也就是婚禮，來對外宣告，以取得社會認同或法律保障，是各民族社會普遍存在與慎重看待的生命習俗之一，且因為希望婚禮順利、婚姻長久，更衍生各種具象徵意義的禮俗與禁忌。

■ 第一節　嫁娶起源暨傳統婚姻的意義與功能

一、遠古時期：男女雜游，不媒不聘

遠古時代尚無禮制，男女群居野處，沒有固定伴侶，兩性交往亦無規範，以中國為例，如《呂氏春秋》〈恃君覽〉記載：「昔太古嘗無君矣，其民聚生群處，知母不知父，無親戚、兄弟、夫妻、男女之別，無上下長幼之道，無進退揖讓之禮。」[2]再如《列子》〈湯問篇〉所謂：「男女雜游，不媒不聘」，[3]此雜亂婚即是遠古時期中國最初的婚姻形態。

1　文化人類學者Arnold Van Gennep（1873-1957）提出「生命禮俗」通過儀式（rites of passage）理論。芮逸夫，《雲五社會科學大辭典－第10冊人類學》（臺北：臺灣商務印書館，1989），頁107。

2　中國哲學書電子化計劃，https://ctext.org/dictionary.pl?if=gb&id=23882

3　中國哲學書電子化計劃，https://ctext.org/dictionary.pl?if=gb&id=37472

原始人類以血緣家族內同輩為婚配對象，子女只能確認生母而不能確認生父，隨人數漸增，同一女性始祖生下的後代，逐漸形成一個氏族，[4] 集體抵禦野獸、饑餓和疾病的威脅，共同勞動、平均分配。由於負責採集的女方比負責漁獵的男方收穫穩定，維繫了氏族生活，且繼承制度又以母系血緣關係為紐帶，子女從母姓，[5] 是以女性在氏族裡地位較為崇高。然而，血緣婚易有遺傳疾病問題，因此母系氏族婚配對象漸轉為氏族外的群婚制，由一個氏族的一群兄弟和另一個氏族的一群姊妹集體結合，無固定配偶，年齡和輩分限制也不嚴格，彼此通婚的氏族則組成部落。母系氏族繁盛時期，有相對固定及較長期的成對配偶同居，稱對偶婚，夫妻分居在各自的母系氏族中，或是夫居妻家，並在一段時間內從事女家的勞動（亦稱服役婚），然此種結合並非獨佔，兩性關係鬆散。男子雖與外氏族女子婚配，但死後仍歸葬於本氏族的墓地，而子女則從母居。

　　約5500年至4000年前新石器時代末期，隨著農業工具進步和手工藝發展，具有先天體力優勢的男子在漁獵、耕種、製

4　氏族是約從10000年前舊石器時代晚期，出現人類第一個正式的社會組織形式，也是最基本的經濟單位，指依同一祖先的親屬關係而結合的集團。幾個有共同血緣的氏族聯合成為大氏族乃至部落。氏族因實行族外婚，會和相鄰的一個或數個氏族建立緊密的聯繫，組成一個部落或部落聯盟，有的則隨人口繁衍，部分子族從原來的母系氏族中分離出，形成一個大氏族或胞族。

5　同一氏族成員皆同姓，子女也從生母之姓，如《說文》：「姓：人所生也。古之神聖母，感天而生子，故稱天子。从女从生，生亦聲。《春秋傳》曰：『天子因生以賜姓。』」當中所列之古姓，如婤、嬴、媯、妘、姺、嬽、妞、媜、媧、妟、娥、娃、姒、嫻、始、嫽、姜、姬等，皆從女部，可知是母系氏族的姓。中國哲學書電子化計劃，https://ctext.org/dictionary.pl?if=gb&id=34673

造和戰力上漸居主導，財產權和社會地位高於女性，女性漸成附庸。家庭婚姻關係也由母系氏族社會的「從妻居」改變為「從夫居」，子女成為父系氏族的成員與父親財產的繼承者。從母系社會過渡到父權制之後，社會生產力提高，私有財產開始萌芽，父系氏族社會中出現貧富差距。後期氏族社會瓦解，階級社會出現，女性身分也愈發受到箝制，甚至可以被買賣與搶奪。

二、嫁娶起源：買賣與搶奪，視女子為私財

在中國神話中，相傳伏羲、女媧兄妹通婚，制嫁娶之禮，以儷皮（成對的鹿皮）為聘，漢族婚禮由此而來；至夏商時代發展為一夫多妻，並親迎於庭，然因多妻而有王位繼承鬥爭，於是西周宗法制度規定從天子到諸侯、百姓，每名男子只能有一位正妻，亦稱嫡妻，一夫一妻多妾制度確立，從夫居也成為主要的婚姻形式，同時更制定六禮，婚禮臻於完備。

中國古代將婚禮稱作「昏」禮，以昏時為妻，取陽往陰來之義，認為黃昏是男方到女家親迎的吉時，[6]而女方因此跟隨男方離家而去，這種「婿以昏時來迎，女因之而去」的習俗，就是「昏」「因」一詞的起源。而古人也把新郎之父稱為「姻」，新娘之父稱為「婚」。[7]婚姻一詞，指結婚過程，同時也是結婚而

6　亦有一說指黃昏舉行婚禮是因掠奪婚而來，乃黃昏時月黑風高，是搶奪的最佳時機。婚禮在黑暗中進行，新郎及迎送之人著黑衣，執燭火前導，女子被搶奪至陌生環境，因恐懼與不安，悲傷而泣，即今日孝親不捨之哭嫁遺俗；為防女子看到來時路而逃跑，則有蓋頭，以布矇臉，即今之頭紗；而綑綁女子的繩belt是戒指。

7　《說文》：「婚：婦家也，姻：婿家也」；《爾雅》〈釋親〉：「婿之父為姻，婦之父為婚。婦之黨為婚兄弟，婿之黨為姻兄弟。嬪，婦也」。

產生的姻親關係，今日雙方家長多互稱「姻親」或「親家」。

在英語裡，不論男女皆用「marry」指稱結婚儀式的過程，漢字卻將其細分為男娶女嫁，並有對應的禮俗要求。從漢字的形體構造也可一窺漢民族的歷史文化，如據《說文》：「嫁：女適人也。从女家聲」，[8]再如《方言》：「自家而出謂之嫁」，[9]嫁把「女」與「家」聯繫在一起，出嫁代表有家，嫁在古文中又有賣的意思，[10]女子嫁人就是賣給人家，女子等於私有財產，要取得傳宗接代的工具，需靠錢財交易進行，有必要時還能轉賣，女子只能聽任擺佈。

「嫁」字源自上古買賣婚，「娶」字則源自搶奪婚，「娶」在《詩經》和《周易》裡原寫為「取」，據《說文》記載：「娶：取婦也。从女从取，取亦聲」[11]。「取：捕取也。从又从耳。《周禮》：『獲者取左耳。』《司馬法》曰：『載獻聝。』聝者，耳也」，[12]可知「取」之本義即以武力獲取搶奪，古代戰爭勝者取俘虜之耳做為記功憑證，之後專為婚娶之義另造「娶」字，代表男子把別人家的女兒取到自己家裡。[13]

因此，從字源來說，男取得女謂之「娶」，女往新家謂之「嫁」；從句法、語用來說，女兒嫁「出去」，或媳婦被男方娶「進

8　中國哲學書電子化計劃 https://ctext.org/dictionary.pl?if=gb&id=34688

9　中國哲學書電子化計劃 https://ctext.org/dictionary.pl?if=gb&id=45223

10　《戰國策》〈西周〉：「臣恐齊王之為君實立果而讓之於最，以嫁之齊也」。姚宏注：嫁，賣也。《韓非子》〈六反〉：「天饑歲荒，嫁妻賣子者，必是家也」。

11　中國哲學書電子化計劃 https://ctext.org/dictionary.pl?if=gb&id=34689

12　中國哲學書電子化計劃 https://ctext.org/dictionary.pl?if=gb&id=28154

13　《左傳》〈隱公三年〉：「四月，鄭祭足帥師取溫之麥，秋，又取成周之禾。周鄭交惡」。

■ 古代迎親盛況（轉引自阮昌銳，　■ 女婦送出內房圖。（轉引自阮昌銳，《中國婚
《中國婚姻習俗之研究》）　　姻習俗之研究》）

門」，有著相同的思考邏輯，象徵傳統漢人婚姻男尊女卑，男
方獲得，女方失去，必須支付財貨做為補償。這種隱身於文字
語言背後的價值觀，深刻表現出傳統漢人夫妻經營婚姻，乃至
雙方家族看待婚姻的立場，嫁出去的女兒等於潑出去的水，娶
進門的媳婦就是男方家的人，男性（夫家）享有控制權，是為
主體，女性是被動的，僅居於附屬地位。直至近年來多元成家
觀念興起，為打破刻板的性別文化，結婚一詞的使用才逐漸取
代嫁娶二字。

三、傳統婚姻的意義與功能：延續家族生命，穩定
　　社會秩序

　　無論是結婚或嫁娶，婚禮終歸是「合兩姓之好」，不僅是
男女雙方的終身大事，也是兩個宗族結合及繁衍後代的要事，

因此備受漢民族重視。儒家把婚禮視為禮之根本，[14]透過婚禮，男女結為夫婦，繁衍後嗣後，才能進行冠禮、喪祭、朝聘、鄉射各禮，是一切禮儀乃至施行政治、安邦定國的基石。

　　儒家也列出五種人與人的關係，[15]稱為五倫，據此提出合宜的相處之道。夫婦是五倫的根基，有了夫婦，才有父子、君臣、上下之立。總之，夫婦依禮而結合，互敬互愛，男女分工且各盡其責，成為後代模範，才能父子親愛和睦；君臣各正本位，此便是古代宗法制度裡婚姻延續家族生命，穩定社會秩序的最大功能。對女子而言，透過婚姻也才有所依歸，[16]女性藉由婚姻關係，在生時取得居住之所，死後得以名列神主牌，享有受子孫祭祀的權利。

　　儒家典籍中對婚禮之論述極多，最早記載婚禮的是《儀禮》〈士昏禮〉，詳細規範婚禮籌辦過程，《禮記》〈昏義〉則進一步闡釋其義。「昏禮者，將合二姓之好，上以事宗廟，而下以繼後世也，故君子重之。是以昏禮納采、問名、納吉、納徵、請期，皆主人筵几於廟，而拜迎於門外。入，揖讓而升，聽命於廟，所以敬慎、重正昏禮也。」[17]儒家把對婚姻的慎重落實為各

---

14 《禮記》〈昏義〉：「男女有別，而後夫婦有義；夫婦有義，而後父子有親；父子有親，而後君臣有正。故曰：婚姻者，禮之本也。夫禮始於冠，本於昏，重於喪、祭，尊於朝、聘，和於射、鄉，此禮之大體也。」

15 儒家典籍中五倫排列順序略異，據《中庸》記載：「君臣、父子、夫婦、兄弟、朋友」；而《孟子》則記：「父子、君臣、夫婦、長幼、朋友」。

16 如故宮國寶「翠玉白菜」，乃清光緒時瑾妃的嫁妝，以白菜象徵女性清白純潔，上頭多產的螽斯則祝願多子多孫，可見傳統婚姻對女性最大的要求是「貞節」與「生育」。

17 中國哲學書電子化計劃 https://ctext.org/liji/hun-yi/zh#n10402

■ 儒家把對婚姻的慎重落實為各具意義的儀式，必須要按部就班進行。祭祖顯示了漢人慎終追遠，飲水思源的傳統價值觀。

具意義的儀式，必須要按部就班進行，即《儀禮》〈士昏禮〉所述的成婚禮和成婦禮兩階段。成婚禮包括納采、問名、納吉、納徵、請期、親迎和婦至禮成；成婦禮則依公婆存歿與否，分為面見之禮或廟見之禮。周朝兩千多年前的這套婚禮儀式，隆重而繁複，成為日後漢族傳統婚禮的範本，也遠播到朝鮮及越南等漢文化圈。

四、原鄉傳統在地化，形成臺灣式婚俗

　　相較於中國漢族父權社會的嚴格規範，臺灣原住民如平埔族母系社會對於婚嫁態度便開放許多。明朝儒生陳第所著之《東番記》，曾略述平埔族嫁娶習俗與社會男女分工的狀態，[18]

18　明萬曆31年（1603）作，記載17世紀初臺灣沿岸的原住民生活習俗與地理風光，為最早描繪臺灣西部平埔族（以臺南西拉雅族為主）生活的著作。

男方入贅為主，從妻居，採服役婚，婚前只要男女情投意合，可自由交往甚至同居，之後告知父母而辦婚禮宴請社眾，此儀式稱為「牽手」，夫妻拔齒相贈，誓守終身，而婚後子女歸母系撫養。此外，荷蘭東印度公司來臺新教牧師Georgius Candidius在《臺灣島志略》（*Discourse ende cort verhael van't eylant Formosa*）中也提到西拉雅族新港社採氏族內婚，男女各與家人居住之情況。

早期先民多自大陸漳、泉、粵一帶渡海來臺，清領初期嚴禁無照渡臺，需先申請許可，且渡臺者一律不准攜帶家眷，造成男女人口比例失衡，娶妻不易，演變成後來重聘金及童養媳等問題。這些無宅無妻的羅漢腳（羅漢跤仔lô-hàn-kha-á），[19] 有的與平埔族女子通婚，即臺灣俗諺「有唐山公，無唐山媽」，此情況也造成平埔族人口日減，直到鄭成功治臺時更多漢人來臺並有家眷同住，在此落地生根，成為臺灣社會主體。

由於臺灣融合多元族群，每個族群締結婚姻的方式，存有部分差異，且因地制宜，今日社會跨國籍、跨種族的婚姻已司空見慣，甚至跨性別的同志婚姻也從西方傳入，讓臺灣家庭與婚姻型態愈趨複雜。不過，整體而言，臺灣婚俗仍延續漢人傳統婚嫁程序，大抵不脫納采（議婚、提親、說媒）、問名（提

---

19 清領初期，對於移民臺灣的限制十分嚴格，清康熙23年（1684）設置臺灣縣後發布渡臺禁令（不許廣東省籍人士渡臺），渡臺者不准攜帶家眷，使得女性奇缺，沒有經濟能力而無法娶妻的窮困「遊民」充斥，即為俗稱的「羅漢腳」。陳淑均《噶瑪蘭廳志》〈卷二〉記載：「曷言乎羅漢腳也？謂其單身遊食四方，隨處結黨；且衫褲不全，赤腳終生也。」

■ 古代婚俗的合
巹而酳，演變
為今日新人喝
交杯酒。

字仔、討年生、合八字、換龍鳳帖）、納吉（小定、過定、訂盟、
送定、小聘）、納徵（大定、大聘、完聘）、請期（送日頭、乞
日）、親迎（迎親）等「六禮」[20]，以及婚後舅仔探房及歸寧（回
門、回娘家、轉外家）等儀式。然世代久居之後摻揉本地習
俗，又衍生出許多《儀禮》中未見的禮儀，形成「臺灣式婚姻
禮俗」，包括如女方的食姊妹桌、拜別父母、擲扇、潑水；以
及男方的請神、安床、拜天公等儀俗，也保有部分古禮的精神，
如象徵夫妻此後合體同心、相親相愛的「共牢而食」和「合巹

---

20 惟現代所指涉的「六禮」，多已從儀式名稱變為男方致送女方的聘禮和聘金，指日
頭餅、喜餅、禮香炮燭、六色喜糖、聘金首飾和頭尾禮六樣。或男方準備給女方
的頭尾六禮，如洋裝、絲襪、皮包、鞋子、外套、化妝品六樣，或女方準備給男
方的西裝、襯衫、領帶、鞋子、領帶夾、襪子六樣。但在客家婚禮中，六禮指的
是禮金，用六個紅包感謝所有幫忙文定和結婚儀式的女方親友。訂婚六禮是廚房
禮、引鳳禮、化妝禮、招待禮、托盤禮、盥洗禮。結婚六禮指的是再從祀神禮、
點燭禮、裁剪禮、開容禮、簪花（上頭）禮、媒人禮、探房禮、姐妹禮、酒瓶禮
選六樣，與訂婚六禮湊成十二禮。參見許振昌總編輯，《囍：客家傳統婚俗特展
專刊》（新北市：新北市政府客家事務局，2012），頁22-25。

臺南嫁娶禮俗

而醑」,[21]演變為今日共食一碗甜湯圓、喝交杯酒。

決定婚事前,男方需將紀錄女方生辰的庚書(或稱庚帖),由其尊長焚香告神並卜吉凶後,若無不祥之兆,才由女家卜男子庚書,如也相配,才可以續談婚配。除了婚配對象要讓祖先認同,正式迎娶也得在祠堂舉行,先敬拜天地與祭祖後再行婚儀。種種繁瑣儀式,顯示了漢人慎終追遠,飲水思源的傳統價值觀,與對婚姻的尊重。而不論婚禮程序如何增減變化,大抵不脫趨吉避凶,都是為了給予新人信心與祝福,期盼雙方順利開啟新的人生階段,夫婦早生貴子、白首偕老、順逆同心,攜手共度未來。

■ 各族群藉由嫁娶禮俗給予新人信心與祝福,期盼雙方順利開啟新的人生階段。(黃玉蘭提供)

---

21 《禮記》〈昏義〉:「壻揖婦以入,共牢而食,合卺而醑,所以合體同尊卑以親之也。」牢,牲也;合卺,剖一瓠為兩瓢,新婚夫婦各執一瓢,斟酒以飲。後人多以「合卺」代指成婚。

五、現代婚俗：與時俱進，逐漸簡化

　　隨著時代進步與教育觀念普及，婚俗禁忌漸少或不再被遵循，受社會變遷與外來文化影響，婚禮形式也愈趨簡化。一般而言，臺灣現今結婚禮俗，北部多僅訂婚、結婚兩大程序，南部在婚後仍保有歸寧之俗。而傳統訂婚原分二次贈送聘禮聘金，即納吉（小定）、納徵（大定），現在普遍合併為一次送足，且多半意思帶過，以免遭譏賣女兒。儀式過程所需準備的物品也從原有十二禮縮減到六禮，宰豬殺羊已極少見，並傾向以紅包、現金代替，但仍講究有來有往，成雙成對，以祈求吉利。

■　現代婚俗中聘禮品項逐漸簡化，也有業者提供套裝服務，免去新人奔波之苦。

　　儘管現代婚禮步驟簡化，方式卻更多元，相較於傳統儀式中規中矩，現代新人越來越重視自己的婚禮，迎娶過程發展出的「討喜」之儀[22]也更強調新人的默契與愛情。新人可隨自己的喜好上山或下海，或跳傘或潛水，拍攝婚紗照，甚至出國到小島教堂舉行婚禮。各種與結婚相關的產業也愈趨發達，如新

22　由新娘之姐妹或閨密提問，設計闖關活動以考驗新郎。

■ 彰化新郎林孟輝2002年在臺南火車站月臺迎娶府城新娘陳婉萍，紀念兩人相戀
過程。這是臺鐵百年來第一場由新人自行企劃辦理的火車婚禮。[23]（林孟輝提供，
聯合報 2002/11/3，18版）

娘秘書、婚禮攝影、會場佈置等，能充分量身打造，滿足大眾
求新求變的需求。

　　此外，喜宴的方式也是五花八門，從傳統辦桌靈魂人物總
舖師（tsóng-phòo-sai，即大廚），發展出專業外燴團隊，提供
高品質服務。而隨著社會型態變遷，新人在空間與時間等因素
的考量下，選擇在飯店、餐廳宴客的比例漸高，並視之為秀創
意、彰顯愛情、營造氣氛的重頭戲，於喜宴上播放音樂、成長
影片及婚紗照，或邀請專業主持、樂團演出，追求賓主盡歡，
也為婚禮增添熱鬧喜慶的氛圍。

　　而若想免去傳統迎娶的繁複禮俗，又想擁有簡單隆重的婚

23　成功大學中文系畢業的校友林孟輝，因在臺南火車站與女友相識相戀，特別向臺
　　鐵申請搭火車迎娶府城新娘陳婉萍，2002年11月2日兩人在臺南火車站舉行結婚
　　典禮，由臺南市長許添財主婚致詞，時任市議員的王定宇當主持人，這是臺鐵百
　　年來第一場由新人自行企畫辦理的火車婚禮。

■ 現代婚禮與時俱進，傳統禮俗大多簡化，宴請賓客的過程反而成為重頭戲。（黃崇榮拍攝）

■ 現代婚宴多聘請專業主持人進行儀式，主導全場。（黃崇榮拍攝）

禮，也有新人選擇集團結婚或法院公證互許終身，[24] 再到戶政事務所登記；[25] 部分新人則將訂婚與結婚合併，男女雙方一併宴客，省事又簡單；亦有新人認為這些繁文縟節已不合時宜，輕率以對；或順從長輩與親友的建議依習俗迎娶，但卻行禮如儀，把瑣事通通委託給婚紗公司和專業婚顧，這些傳統婚俗及婚嫁物品所代表的文化意涵自然也就愈顯模糊了。

　　其實走入婚姻，共組家庭並不容易，過去婚姻觀念宿命論「嫁雞隨雞，嫁狗隨狗」，並以繁複隆重的婚俗，來保護婚姻之美滿及傳宗接代之任務，不輕言離婚。但現在不少新人在籌備婚事階段即因家長對習俗意見不合，宣告分手，「親家變冤

---

24 司法博物館（舊臺南地方法院，今府前路）前，有一「見證愛情」地景，係以原民事執行處三樓公證結婚禮堂樓地板設計。該禮堂 1972 年 1 月啟用，2001 年 4 月遷移，2008 年 11 月拆除。期間共有 19505 對新人在此約定終身。

25 民初時期法律僅要求採取「儀式婚」，有公開儀式和兩個以上的證人，婚姻即生效，不以登記為要件，致產生許多糾紛。直至 2008 年 5 月 23 日起，按《民法》第 982 條規定：「結婚應以書面為之，有 2 人以上證人之簽名，並應由雙方當事人向戶政機關為結婚之登記。」

家」，或因展現的財富多寡影響日後在雙方家族的地位，此種磨合過程，其實是婚前教育的一部分，有助加深新人對婚姻的共識和承諾，並加強解決問題的能力、獲得經營婚姻與家庭生活的資源。[26]臺灣婚俗有其可愛與優美之處，例如求雙數與說好話，如對禮俗有基本認知，因時制宜、互信互諒，定能順利愉快的完成終身大事，為幸福奠基，居高不下的離婚率也可能降低。

■ 司法博物館前之「見證愛情」地景。舊臺南地方法院民事執行處三樓公證結婚禮堂曾有19505對新人在此約定終身。

■ 第二節 臺灣漢人傳統婚姻觀與婚嫁脈絡概述

　　「婚禮」既為人倫之始、一切禮之根本，是上承祖先血脈、下續子孫世代的關鍵，必慎而重之。婚配對象的條件與禁忌，以及適合結婚的年齡、時機都需留意。臺灣歷經荷蘭、鄭氏以至清朝統治，大陸漢人陸續移居，俗話說「新例無設，舊例

26　林如萍2003年提出婚前CPR的概念，指出婚姻承諾Commitment（澄清願景）、Problem-solving（提升解決問題的能力）、Resources（獲得經營婚姻與家庭生活的資源）是婚前準備的三個目標。《國人之婚姻態度及對婚姻教育之需求全國民意調查》，（委託單位：教育部社會教育司，執行單位：世新大學民意調查中心，計畫主持人：國立臺灣師範大學人類發展與家庭學系林如萍副教授。中華民國99年7月），頁14-15。

無減」，觀念行事皆承襲自原鄉閩客族群，維持遠祖之古風遺緒。[27]因此臺灣傳統婚嫁仍以社會性功能為重，婚配對象的條件不以個人喜好為優先，而是需奉父母之命、明媒正娶、門當戶對，也保有同姓不婚、祖訓不婚、異性同祖不婚的禁忌，對嫁娶的年齡、時機也有好惡，在婚姻過程則強調女子的忍讓。整體來說，傳統婚嫁的脈絡有三，要敬慎莊重、需吉利圓滿、求香火傳承，各種禮俗形式由此衍生。

一、臺灣漢人傳統婚姻觀

（一）婚配條件與禁忌

1.同姓不婚

《禮記》〈昏義〉：「昏禮者，將合二姓之好」[28]結婚的基本要件是在兩個不同姓氏的前提下結合。「同姓不婚」的婚姻禁忌，源遠流長，自中國西周時代，即已確立同姓不婚的禁令，以維持宗法秩序，《魏書》〈高祖紀上〉記載：「是以夏殷不嫌一族之婚，周世始絕同姓之娶。」[29]除了宗法秩序的考量，在上古時代，同姓必同宗，血緣相近的婚姻，恐會影響種族的繁衍和子孫的素質。《左傳》〈僖公二十三年〉言：「男女同姓，其生不蕃。」[30]

---

27 清丁紹儀《東瀛識略》：「臺民皆徙自閩之漳州、泉州、粵之潮州、嘉應州。其起居、服食、祀祭、婚喪，悉本土風，與內地無甚殊異。」中國哲學書電子化計劃 https://ctext.org/wiki.pl?if=gb&chapter=106038#p14

28 同註17

29 中國哲學書電子化計劃 https://ctext.org/wiki.pl?if=gb&chapter=456987#p49

30 中國哲學書電子化計劃 https://ctext.org/dictionary.pl?if=gb&id=18084

《國語》〈晉語四〉亦言:「同姓不婚,惡不殖也。」[31] 都顯示當時對於同姓通婚則後代不能昌盛的憂慮,與現代醫學的優生觀念不謀而合,異姓同宗的家族也不通婚亦是基於此一考量。清乾隆時期也在《大清律例》中明訂「凡同姓為婚者,主婚與男女各杖六十離異」[32] 之條規,直到光緒末年修訂刑律時才刪除了同姓不得為婚的條文。

不過,中國古代僅認知到父系的血緣關係,母系親屬(如表兄弟、姊妹)因和自己不同姓氏,便不受同姓不婚的約束,許多家庭甚至多代都有表兄弟、姊妹通婚,並美其名為「親上加親」。

臺灣早期多為閩粵移民,親族血脈錯綜複雜,難以確認,因此同姓不婚成為擇偶最大的避諱,不論有無血緣關係,只要姓氏相同就是親族均不准結婚。[33] 日治時期《臺灣慣習記事》也提到臺灣漢人認為同姓婚會「混亂血統,違亂倫常,且為一族之污名,親族也見棄不與來往,視為禽獸,他人皆取笑之。如不知而結婚,則暗中偷改一方之姓,讓世人不知。如官方知悉,必然予以離異歸宗(施予離婚後復歸其本宗)。」[34] 臺灣文學家鍾理和為了與妻子鍾臺妹逃離同姓不婚的桎梏,還拋棄故鄉渡

---

31 中國哲學書電子化計劃 https://ctext.org/dictionary.pl?if=gb&id=24714
32 中國哲學書電子化計劃 https://ctext.org/wiki.pl?if=gb&chapter=63831#p25
33 臨時臺灣舊慣調查會編,《臺灣私法》第二卷(下)(臺北:南天,1995年復刻版,1911年原刊),頁268。
34 《臺灣慣習記事》,第一卷下第八號,問答,習慣問答錄,關於婚姻案,頁61、62。第一卷下第九號,問答,舊慣研究會問答筆錄,頁102、103。臺灣慣習研究會原著,臺灣省文獻委員會譯編。(1984年6月)

海到中國大陸。由於人類不斷繁衍，族群擴大，如今同姓也未必有血緣關係，因此，同姓不婚禁忌也不再被嚴格遵循。

2. 父母之命

傳統婚姻制度，婚配對象往往基於社會性考量，主婚人（家中尊長或父母）握有定親之權，當事人本身、尤其女性的喜好僅是次要，如《詩經》〈齊風‧南山〉記載：「取妻如之何、必告父母。」[35] 再如《孟子》〈滕文公下〉亦云：「丈夫生而願為之有室，女子生而願為之有家。父母之心，人皆有之。不待父母之命、媒妁之言，鑽穴隙相窺，踰牆相從，則父母國人皆賤之。」[36] 因此婚嫁必須徵求父母作主決定並等待媒人往返商議，倘若自作主張、私定終身，未依程序，不僅不合禮法，也遭人輕視。

臺灣俗諺說：「父母主婚，芋莖菜尾也要吞」，日治時期《臺灣慣習記事》中也稱「對子女之婚姻，父母隨意決定之，子女不得拒絕。不聞子女之意見，亦不准許子女陳述意見。」未經父母承諾之婚姻其成立仍然有效，他人也以夫婦與其交際，但世人以其未獲父母承諾之夫妻而加以擯斥，父母俱不在時要最近尊親屬之同意，若無其承諾則稱為苟合，不稱為正婚，[37] 因此不經媒妁和主婚人主持的婚姻會被視為私奔，夫妻關係不被承認。需要注意的是，「父母之命」所指的「父母」是廣義說法，

---

35 中國哲學書電子化計劃 https://ctext.org/dictionary.pl?if=gb&id=14816#s10001561
36 中國哲學書電子化計劃 https://ctext.org/dictionary.pl?if=gb&id=13311#s10030532
37 《臺灣慣習記事》，第一卷下第八號，問答，習慣問答錄，關於婚姻案，頁62、63。

第二章　漢人傳統嫁娶文化概述

如父母不在時，其他尊親長輩如祖父母、戶長也可以主婚，俗稱「序大人」（sī-tuā-lâng），掌管一切婚姻事宜。

古代中國還有贈婚、典妻、指腹婚、冥婚、童養媳等類型，女子可作為財物、餽贈、或作租賃與典借之用，其中指腹婚、冥婚與童養媳，也都是由父母訂定的，女子完全沒有參與權，就是不合其意之婚姻也不能拒絕。儘管現在已進入自由戀愛時代，只要一見鍾情，年齡合法，就算父母不同意也可公證結婚，但父母意見在現代多數女性心中仍有重要地位，倘婚配對象未獲父母同意仍難免遺憾。

3.明媒正娶

傳統婚姻禮俗，注重明媒正娶與儀節禮數完備與否，直接影響婚姻的正當性。所謂「正娶」，強調經過三書六禮的程序，以合乎禮法。如前所述，「六禮」是納采、問名、納吉、納徵、請期、親迎六道程序，代表了男女雙方由求婚至完婚的整個結婚過程；「三書」是納采時的聘書、納徵時的禮書，和親迎時的迎書等三種文書。婚禮一定要依禮行事，所謂「隔壁親家，禮數原在」，即使面對至親好友或熟稔的街坊鄰里，也不可敷衍。

而「明媒」，指的是媒妁之言，與父母之命相同，都是男女正式結合的必備要件與程序。媒人出現在一夫一妻制形成後，通常是族中長者，扮演著男女雙方間的介紹人、聯絡人、協調人，甚至婚禮儀式指導者，如《詩經》〈齊風‧南山〉云：

「取妻如之何、匪媒不得。」[38]《說文》亦云：「媒：謀也，謀合二姓，从女某聲」。[39]《禮記》〈曲禮上〉「男女非有行媒，不相知名」[40]、西漢劉向《列女傳》〈趙津女娟〉「夫婦人之禮，非媒不嫁。嚴親在內，不敢聞命。」[41]《周禮》〈地官司徒〉也記載：「媒氏掌萬民之判，凡男女自成名以上，皆書年月日名焉、令男三十而娶，女二十而嫁」。[42]即是指官媒掌管戶籍與婚姻登記，督促適齡男女成家。封建社會男女之間「授受不親」，六禮之中，除親迎外，均由媒人擔任使者，往返介紹，藉此防範男女私自苟合。唐律明定為婚之法，必有行媒，[43]後世也有「天上無雲不下雨，地上無媒不成親」的俗諺，顯示自古以來對媒人的重視。

　　媒人一般由男方的主婚人確定人選，其身分可能是主婚者的親族或友人，通常為德高望重或是為人熱心者，亦有專業媒人，通常為女性，稱之為「媒人婆」，多半人面廣、消息靈通、能言善道，有機會與內眷接觸。據說臺南以前便有所謂「珠寶婆」，因經常進出富貴人家販售珠寶，對各家兒女婚嫁狀況瞭若指掌，也會幫忙撮合親事。媒人是結婚雙方的橋樑，負責穿針引線，傳達、協調兩家人對結婚大小事的意見，一樁美滿婚事全靠媒人奔走牽成，但也因為男女雙方不曾交往，一切仰賴

38　中國哲學書電子化計劃 https://ctext.org/dictionary.pl?if=gb&id=14817#s10001567
39　中國哲學書電子化計劃 https://ctext.org/dictionary.pl?if=gb&id=34686
40　中國哲學書電子化計劃 https://ctext.org/liji/qu-li-i/zh#n9512
41　中國哲學書電子化計劃 https://ctext.org/dictionary.pl?if=gb&id=54363
42　中國哲學書電子化計劃 https://ctext.org/dictionary.pl?if=gb&id=36816
43　中國哲學書電子化計劃 https://ctext.org/wiki.pl?if=gb&chapter=167456#p54

■ 府城祀典武廟、大天后宮、重慶寺、大觀音亭供奉之四
　大月老，據稱撮合姻緣最為靈驗。

媒人傳話，碰上各有缺點的男女對象還得幫忙巧妙掩飾，因此
便有媒人為賺取禮金則刻意欺騙，俗話說「媒人喙，糊瘰瘰」，
造成雙方認知上的差距，「三人共五目，日後無長短跤話」、[44]
「保入房，無保一世人」，反增加怨偶發生，也因媒人不好當，
俗話說「毋做媒人毋做保，一生一世無煩惱」。

　　早期臺灣社會亦不允許男女自由交往，青年男女要尋找對
象，一般都由媒人說合，經雙方父母同意、親朋好友出面幫
助「相看」，再由媒人陪同男方到女家拜訪，稱之「相親」。惟

---

44 相傳昔日一位媒人有意撮合一獨眼女子與一跛腳男子相親，事先要右眼看不見的
　女子在屏風後露出完好的左眼，再請左腳跛行的男子將左腳擱在凳上掩飾，當下
　婚事談定，媒人意有所指表示「三人共五目，日後無長短跤話」，事後雙方後悔也
　無可奈何。

近代因社會風氣大開，自由戀愛盛行，通常男女論及婚嫁後，只請「便媒人」（現成的媒人，只在儀式中擔任角色，並非實際介紹婚姻者）到女方家提親溝通，女方同意聯婚，再進行「問名」、「提字仔」、或「討生時」等步驟。現代人工作忙碌，無時間與機會認識另一半，也有許多婚姻介紹所，專為未婚男女舉辦聯誼活動，牽線搭橋，尋覓適合的對象，可以說是另類的媒人婆。

4.門當戶對

此指雙方家族的社會地位和經濟狀況必須不相上下，才可通婚結親，其他包括外貌、學識、人品、性格等，也就是要郎才女貌、貧富相若。古代中國社會裡，婚姻是人道的開端，夫婦之義，居三綱首位，是禮儀中最重要者，尊卑高下，應有區別。由於婚姻牽涉到雙方的家庭利益和家族名譽，因而統治階層擇偶多會考慮對方的家財、名譽、官階等。在魏齊之時，出現嫁娶論財的歪風，[45] 甚至一些家庭「賣女納財」，貴族家庭不遵從法度，貪圖利益財貨，或依據個人喜好，苟且結合，使得貴賤不分，大小同例，有虧人間倫常秩序。為此，北魏和平四年（463）冬，文成帝頒布詔書訂定皇族、師傅、王公侯伯及

---

45 根據清趙翼《廿二史箚記》：「魏齊之時，婚姻多以財幣相尚，蓋其始高門與卑族為婚，利其所有，財賄紛遺，其後遂成風俗，凡婚嫁無不以財幣為事，爭多競少，恬不為怪也。魏文成帝嘗詔曰「貴族之門多不奉法，或貪利財賄，無所選擇，令貴不分賤，虧損人倫，何以示後？」此可見財婚由來久矣！」中國哲學書電子化計劃 https://ctext.org/wiki.pl?if=gb&chapter=58665#p58。清代臺灣拓荒墾殖時期，人民謀生困難，亦有所謂「婚姻論財」的情況。

士民之家，不得與工匠、藝人、卑姓的人結婚，違者治罪。[46]
而明代馮夢龍在《喻世明言》中借殿前太尉陳太常之口，談到
理想女婿人選時說：「我位至大臣，家私萬貫，止生得這個女
兒，況有才貌，若不尋個名目相稱的對頭，枉居朝中大臣之位。
便喚官媒婆吩咐道：『我家小姐年長，要選良姻。須是三般全
的方可以說：一要當朝將相之子，二要才貌相當，三要名登黃
甲。有此三者，立贅為婿；如少一件，枉自勞力。』」[47]即明白
刻劃出傳統婚配視門當戶對為必要條件。早年，臺灣社會尚封
閉，受傳統門當戶對觀念的影響，長輩在子女婚配前必先打聽
清楚對方的家世來歷，以求家庭經濟與社會地位相當。然而，
隨著時代變遷，社會風氣與思想的開放，傳統局限於社經條件
的門當戶對也逐漸被摒棄，男女自由戀愛興起後，雙方的成長
環境、思想觀念、價值體系、教育程度與興趣喜好等，逐漸成
為新時代背景下婚配的條件，也淡化了傳統門當戶對的階級桎
梏。

5. 纏足

在婚姻市場，除了端正的容貌、無遺傳疾病外，舊時纖足
更是擄獲佳偶、提升女性價值的重要條件之一，也是社會階層

---

46 《魏書》〈高宗紀〉「夫婚姻者，人道之始。是以夫婦之義，三綱之首，禮教之重者，
莫過於斯，尊卑高下，宜令區別。然中代以來，貴族之門，多不率法，或貪利財賄，
或因緣私好，在於苟合，無所選擇，令貴賤不分，巨細同貫，塵穢清化，虧損人
倫，將何以宣示典謨，垂之來裔。今制：皇族、師傅、王公侯伯及士民之家，不
得與百工伎巧卑姓為婚，犯者加罪。」中國哲學書電子化計劃 https://ctext.org/wiki.
pl?if=gb&chapter=243371#p36

47 《喻世明言》卷四〈閒雲庵阮三償冤債〉中國哲學書電子化計劃 https://ctext.org/
wiki.pl?if=gb&chapter=618229

的身分標記。臺灣傳統漢人社會裡，纏足者多集中於士紳階級，能讓女眷免於勞動，愈往社會下層則比例越低。閩南族群的母親在女兒4、5歲時便幫女兒裹小腳，以裹出三寸金蓮為第一要務，藉此彰顯家族的經濟實力及教養文化。

裹著小腳使得肢體受控制，行動不便，清代女性的心智也被「男尊女卑」、「三從四德」的觀念禁錮，加上揹負「賢妻良母」的責任重擔，絕大多數傳統女性，婚配時只能採取被動，任人品頭論足，隨意挑揀。以腳掌大小評斷女性的陋習直到日治時期解纏足運動及女子教育展開後才被學歷、教養所取代。

（二）婚配年齡與時機

1.年齡

傳統觀念裡，結婚便是「成家」，「上以事宗廟，而下以繼後世也」，需負起家族延續的責任。上古時代周朝「男三十而娶，女二十而嫁」，南北朝後，開始崇尚早婚，家貧者才晚婚。封建社會因嚴於男女之別，早婚可防止私奔發生，加以古時衛生、醫療環境欠佳，平均壽命短，為確保香火傳承，減少寡婦孤兒的出現，增加戶籍人數，以及促進社會繁榮，[48]男女普遍成

---

48 《唐會要》，卷83「若不申之以婚姻，明之以顧復，恐中饋之禮斯廢，絕嗣之弊尤深。既生怨曠之情，或致淫奔之辱……宜令有司，所在勸勉，其庶人男女無室家者，並仰州縣官人，以禮聘娶，皆任其同類相求，不得抑取。男年二十、女年十五之上……並皆申以婚媾，令其好合。……刺史縣令以下官人，若能婚姻及時，鰥寡數少，量准戶口增多，以進考第。」中國哲學書電子化計劃 https://ctext.org/wiki.pl?if=gb&chapter=489931#p6

年後，女子約為15歲行「筓禮」，[49]男子則約為20歲行「冠禮」，唐男15、女13歲即可論及婚嫁，以求人興財旺，只要男女雙方經媒妁之言結合，則一切合乎禮教。

日治時期的《臺灣慣習記事》中曾記載臺北地方法院事務專員關於婚姻年齡之問答，認為男女成婚之年齡，通常以16歲以上至20歲，富家者一般在較年輕時即予嫁娶，中流以下之家庭則較晚，同時嫁娶以共謀其祥而為之擇期舉行者，故并無一定，亦有認為在15歲以上。[50]

現代社會，國人因忙於就學就業和觀念改變，希望經濟獨立，先立業再成家，晚婚已為趨勢，且對不婚、同居的態度也漸開放。據2010年調查結果，全國民眾與年輕族群皆認為28歲是最適合結婚的年齡。[51]近年來，初婚年齡在30歲以後者所在多有。內政部2017年統計發現，六都初婚平均年齡，臺北市無論男女晚婚年齡都冠於全國，男性33.65歲、女性31.53歲，成為最晚婚城市；2016年全國男女初婚年齡分別是32.38歲、30.04歲。20到40歲適婚男女中，有440萬人未婚，顯示約2成適婚國人選擇單身。臺南市結婚率甚至連續5年來在六

---

49 《禮記》〈雜記下〉「女雖未許嫁，年二十而筓，禮之，婦人執其禮。燕則鬈首。」中國哲學書電子化計劃 https://ctext.org/dictionary.pl?if=gb&id=60831 古時女子15歲可以接受提親說媒，許嫁之後舉行筓禮表示成年，演變成婚前的「上頭」儀式，要用新梳子及「全福之人」（六親皆全，兒女滿堂，俗稱「好命婆」），協助梳髮挽髻、開臉畫眉、塗脂搽粉等。

50 同註34。《臺灣慣習記事》，頁61、101。

51 林如萍計畫主持，《國人之婚姻態度及對婚姻教育之需求全國民意調查》（委託單位：教育部社會教育司，執行單位：世新大學民意調查中心，2010），頁60。

都敬陪末座，[52]嫁娶不再被列為需要趕進度的終身大事。

此外，傳統中國婚配偏好年齡男大於女，[53]教育程度也是男高於女，學者稱之為「婚姻斜坡」，但此現象也因現今女性受教育普及，經濟自主而有所改變。

2.時機

周朝採用官媒，故掌媒之官為應天順時，認為農曆2月即春天最適合結婚，命令適婚男女應時結合。[54]但因中國傳統農業社會，秋收後較有空閒，宋朝之後婚禮則漸集中於暮秋臘冬之際。

臺灣農曆4月到9月是農忙期間，且氣候炎熱，食物不易保存，夏末又有颱風干擾，故少人在此時籌辦婚事。部分月份的婚配也有禁忌之說，如因諧音或寓意而謂「三月娶瘦某、四月娶死某、五月差誤、六月娶半年某、七月娶鬼某、八月娶土地婆，九月狗頭重」等，故結婚者較少。[55]一般以農曆年10

---

52 〈臺南結婚率6都最低！國人約30歲結婚 臺北人最晚婚〉，2017/10/16聯合報。

53 童養媳例外，俗諺說「娶某大姐勝過坐金交椅」，往往新郎還是孩子，便將較年長的媳婦娶進門以照料生活起居。

54 《白虎通德論》：「嫁娶必以春者？春天地交通，萬物始生，陰陽交接之時也。《詩》云：『士如歸妻，迨冰未泮。』《周官》曰：『仲春之月，合會男女。令男三十娶，女二十嫁。』《夏小正》曰：『二月，冠子娶婦之時。』」中國哲學書電子化計劃 https://ctext.org/dictionary.pl?if=gb&id=53263

55 三月娶瘦某，指娶太瘦的老婆不能生育或體弱多病；四月音同「死月」，不宜辦婚嫁等喜慶大事；五月「夏至」又稱「毒月」，農事忙，節候變化大，此時辦嫁娶可能會使兩家不睦或婚事失約，誤了農事，也誤了終生大事；六月娶半年某，六月逢小暑、大暑，辦婚事恐怕會「熱昏頭」，而糾紛不斷，而且俗諺「六月襪出尾」，可能不會有好結果；七月娶鬼某，七月正值鬼月，不宜辦喜事；八月娶土地婆—八月十五拜土地公，此時怕娶到「土地婆」；九月狗頭重，臺灣民間以逢九為厄關，且九音同狗，狗頭多煞氣，加上此月霜降，與「喪」諧音，多所忌諱。

月到隔年 3 月前結婚居多。俗語說「有錢沒錢，娶個老婆好過年」，尤其是農曆 12 月 31 日除夕當天最旺，臺灣新報中便曾記載此日數千家忙於嫁娶的盛況。[56]

隨著時代變遷，現代人結婚以生辰八字挑選黃道吉日為便，除了農曆正月過年較忙，跟 7 月人們俗稱「鬼月」而有所避諱，其餘一年到頭幾乎每個月都有人辦喜事，不過因為大家都要挑好日子，又多選擇餐廳、飯店方便宴客，以週休二日或國定假日最受歡迎。值得注意的是，受西方文化影響，讓「June Bride」（六月新娘）也成風潮。[57]

臺灣另有孤鸞年不宜嫁娶的迷信，若一年中出現兩次「立春」，即指可能再婚，難以白頭偕老，該年就是孤鸞年，隔年沒有立春則是寡婦年。另有居喪百日內需嫁娶的禮俗，一個家族內如有長輩過世，子女如想及早完婚，在百日內仍可辦理嫁娶，否則需等 3 年喪期屆滿。此習俗據稱始於漢代，相傳人死後百日內尚未適應陰間生活，故仍需供奉祭品。亦有一說是指《禮記》〈檀弓下〉「虞而立尸，有几筵。卒哭而諱，生事畢而鬼事始已。」[58] 認為喪禮至卒哭（約當百日左右）之後才告一段落，百日之前視死者如生時。因此臺灣觀念裡，此間論及嫁娶可謂盡孝，以告慰死者在天之靈，沖淡悲傷，或為家族再添丁，補

---

56 〈除夕嫁娶〉，《臺灣新報》，版 1，明治 31 年 1 月 12 日。

57 「六月」June 的語源，來自羅馬神話中天帝 Jupiter 的妻子 Juno，代表女性、婚姻和母性，集美貌、溫柔、慈愛於一身，所以「結婚在六月，新郎幸福，新娘快樂。（Marry in June-Good to the man and happy to the maid）」

58 中國哲學書電子化計劃 https://ctext.org/dictionary.pl?if=gb&id=59259#s10097335

充缺少的人力。居喪時嫁娶可一切從簡。

（三）婚姻存續關鍵

1.以和為貴，首重忍讓

班固《白虎通德論》〈嫁娶〉中說「男者，任也，任功業也；女者，如也，從如人也。在家從父母，既嫁從夫，夫歿從子也。《傳》曰：『婦人有三從之義也。』夫婦者，何謂也？夫者，扶也，扶以人道者也；婦者，服也，服於家事，事人者也。」[59]又說「夫有惡行，妻不得去者，地無去天之義也。夫雖有惡，不得去也。」[60]在在強調妻子要有三從四德，[61]沒有獨立專行的道理，要慎言忍耐，溫婉體貼，萬事以和為貴。即使丈夫有惡行或納妾，妻子也不能要求離異。因此婚前、婚後女性皆無自主權。

2.七出與三不去

儘管傳統婚姻制度中，婦女被要求忍讓，不能隨便提出離異，但只要丈夫不滿意妻子、移情別戀，或是喜新厭舊，卻可以用微不足道的缺失，拋棄妻子。《孔子家語》〈本命解〉「婦有七出、三不去；七出者：不順父母出者，無子者，婬僻者，嫉妒者，惡疾者，多口舌者，竊盜者。三不去者：謂有所取無所歸一也，與共更三年之喪二也，先貧賤後富貴者三也。凡此聖

59　中國哲學書電子化計劃 https://ctext.org/dictionary.pl?if=gb&id=53287
60　中國哲學書電子化計劃 https://ctext.org/dictionary.pl?if=gb&id=53264
61　《孟子》〈滕文公下〉：「女子之嫁也，母命之，往送之門，戒之曰：『往之女家，必敬必戒，無違夫子！』」東漢班昭所著《女誡》提出女子四德「婦德，不必才明絕異也。婦言，不必辯口利辭也。婦容，不必顏色美麗也。婦功，不必工巧過人也。」又說「夫婦之好，終身不離。」

人所以順男女之際，重婚姻之始也。」[62] 其中七出成為古代中國男子休妻的七項主要理由，主要還是為了配合古代中國宗法制度的發展，確保夫家利益，維持宗族的繼嗣與綱常。大清律例中「若夫無願離之情妻輒背夫在逃者杖一百」，[63] 也清楚說明女性沒有求去的權利。

相對「七出」，上述《孔子家語》也提到「三不去」的規定，限制丈夫不可以在三種情況下休妻，一是「有所娶無所歸」，即指妻子雙親去世，已無娘家可依靠；二是「與更三年喪」，即指妻子正在為夫家服喪三年者；三是「前貧賤後富貴」，即指娶時夫家貧，娶後夫家富，不可休妻。至唐代女子地位較高，始能要求「和離」，「若夫妻不相安諧而和離者，不坐」。宋代也允許妻子如遇丈夫外出三年而不歸，六年而全無音訊者，可以離婚改嫁。

「和離」看似保障女性權益，但其實傳統社會忌諱離婚，離了婚的女性，想再嫁並不容易，失去夫家可依靠，死後牌位也無處擺放。臺灣早期還禁止離婚的女性過年回娘家，因此女性即使在婚姻中受盡委屈，也不輕言離婚。隨時代改變，女性教育程度提升，愈來愈追求獨立自主，臺灣離婚率也逐年升

---

62 中國哲學書電子化計劃 https://ctext.org/dictionary.pl?if=gb&id=84540。至漢代《大戴禮記》〈本命〉則具體解釋「七去」之意：「婦有七去：不順父母去，無子去，淫去，妒去，有惡疾去，多言去，竊盜去。不順父母，為其逆德也；無子，為其絕世也；淫，為其亂族也；妒，為其亂家也；有惡疾，為其不可與共粢盛也；口多言，為其離親也；盜竊，為其反義也。」中國哲學書電子化計劃 https://ctext.org/dictionary.pl?if=gb&id=45150

63 中國哲學書電子化計劃 https://ctext.org/wiki.pl?if=gb&chapter=63831#p44

高，女性主動要求離婚的比例漸增。

二、傳統婚嫁脈絡：要莊重敬慎、需吉利圓滿、求
傳宗接代

　　傳統漢人對婚姻的注重，顯現於嫁娶各項禮俗，要莊重敬慎，希望有好的開始；需吉利圓滿，凡事成雙成對、甜甜蜜蜜；求傳宗接代，但願早生貴子。藉由漢語同音多字的特性，衍生各種諧音、雙關涵義，用以隱喻或借代，趨吉避凶。

　　例如在中國廣東地區，聘禮中包括椰子，象徵有爺有子，可享天倫之樂。臺灣在此一脈絡下，也發展出各種禮俗與婚嫁用品，祈求婚禮順利，婚姻長久，像是在迎娶花轎或禮車上綁甘蔗，喻有頭有尾，甜甜蜜蜜；新娘進入男方大廳之前，媒人要先撒鉛粉（「鉛」閩南語與「緣」同音），以便新娘能「得人緣」，與夫家和睦相處；而婚事相關數字喜偶數（「四」是例外）避奇數，迎娶車隊要以六或十二為佳，婚書和嫁妝用字要以「全」、或「成」代替「一」，如宮燈一對要改宮燈成對；女方收受男方聘禮也要禮尚往來，有所回禮，如壓檻與壓桌。

■ 傳統嫁娶禮俗中，新娘需穿戴金飾，象徵貴氣喜慶。（沈蔡來順提供）

　　從上述這些帶有諧音或寓意的嫁娶之物可看出長輩對新人的

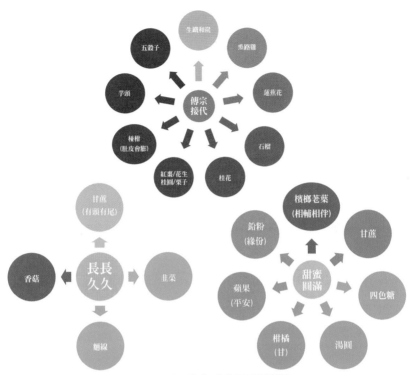

傳宗接代
- 生鐵和炭
- 五穀子
- 黍路雞
- 芋頭
- 蓮蕉花
- 椪柑（肚皮會膨）
- 石榴
- 紅棗/花生桂圓/栗子
- 桂花

長長久久
- 甘蔗（有頭有尾）
- 香菇
- 韭菜
- 麵線

甜蜜圓滿
- 檳榔荖葉（相輔相伴）
- 鉛粉（緣份）
- 甘蔗
- 蘋果（平安）
- 四色糖
- 柑橘（甘）
- 湯圓

■ 傳統婚嫁脈絡與禮俗用品關聯圖

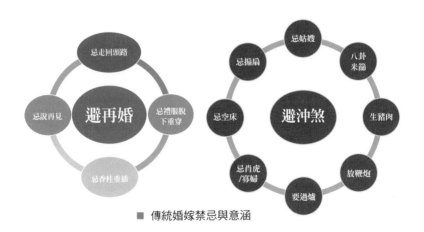

避再婚
- 忌走回頭路
- 忌說再見
- 忌禮服脫下重穿
- 忌香杜重插

避沖煞
- 忌姑嫂
- 忌搧扇
- 八卦米篩
- 忌空床
- 生豬肉
- 忌肖虎/寡婦
- 放鞭炮
- 要過爐

■ 傳統婚嫁禁忌與意涵

愛護和期許，雖說是為求儀式吉利、圓滿所準備，但也多取材於早期農業社會日常生活隨手可得的物品，如米篩、扇子，或農畜產品如雞、[64]甘蔗等，在儀式完成後，仍能發揮原本功能。但如今隨著社會型態改變，大部分傳統禮俗用品已很少見，需為婚嫁場合特地準備，如毛路雞（tshuā-lōo-ke/tshuā-lōo-kue，帶路雞）、竹子青等甚至改以人造品代替，只能當成新房擺飾，已無實際作用。

■ 傳統婚俗中象徵起家
　的毛路雞已多以各式
　人造擺設替代。

■ 禮車上綁竹仔青，喻新
　娘有女德能蔭夫家。

---

64 據訪談國華街百麗行負責人唐小姐，早期有的人家無力買雞，也會用雞蛋代替。
　 2018/9/28

第二章　漢人傳統嫁娶文化概述

第三節　臺灣漢人傳統婚嫁類型—正婚與正婚之外

　　臺灣婚俗傳自閩粵，舊時婚姻依類型可分為「正式婚」與「變例婚」，[65] 此為《臺灣私法》用語，所謂正式婚姻係指依古禮制舉行儀式，憑嫁娶之婚姻，臺灣社會亦以此為「正統」的婚姻形式；而除了正式婚姻之外，尚有循民間特殊慣習而行、儀式較為簡略的變例婚，泛稱「小娶」，如招贅、童養媳、納妾、續絃、冥婚等。

　　所謂正式婚姻是指女方嫁到男家，經過「六禮」正式娶嫁，如據《諸羅縣志》記載：

　　　凡議婚，媒氏送甲庚月日，女先男卜吉，然後訂盟；非古者「男先於女」之義，亦「問名」之遺也。訂盟用庚帖及金銀

65　此外，關於婚姻的類型，依不同學者有不同分類，如莊英章將臺灣的婚禮區分為嫁娶婚、童養媳與招贅婚，以及所謂的變異婚，一般常見的婚禮即所謂的大婚，指的是嫁娶；小婚則為童養媳等。（莊英章，《家族與婚姻：臺灣北部兩個閩客村落之研究》，臺北：中研院民族所，1994，頁207。）而阮昌銳將臺灣民間婚俗依不同的標準分成不同類型，如以婚後居住方式，可分為嫁娶婚、招贅婚；以妻子人數多寡，則有單偶制與多偶制；以優先婚配的原則，則分為交表婚、收繼婚、童養婚；以婚姻的方式來分，則有自主婚、聘禮婚、服務婚、交換婚、安排婚；另有其他特殊的婚姻類型，如冥婚、乘孝娶等（阮昌銳，《中國婚姻習俗之研究》臺北：臺灣省立博物館，1989，頁175-177。）此外，姚漢秋則將臺俗婚姻類型分為正婚，以及正婚之外的其他婚姻形式，如納妾與續絃、招贅、童養媳、養女、冥婚等（姚漢秋，《臺灣婚俗古今談》臺北：臺原，1991，頁55-76。）另也有將清代婚姻形式概分為正式婚姻與契約婚姻，除透過「六禮」所形成的正式婚姻外，尚有招婿、招夫、招出婚、養媳、蓄妾等以簽訂契約所形成的變例婚姻，即契約婚（卓意雯，《清代臺灣婦女生活》，1993。）

釧，名曰「文定」、曰「小聘」；亦有加綵幣者。……納聘曰「獻采」、曰「納采」。用婚啟往復納幣，但柬致儀物而已。此地並納聘於納幣而一之，具婚書、聘金、幣帛、雜物簽署納幣之敬；女家亦隨輕重而報之。……請期止用柬，或並日課送女家；必另具儀，所謂「更儀」也。少者番錢二十圓，俗名「乞日」，或受或否。……親迎，先期舂挐糯丸，色紅、白相間，分送親友。至期，張燈結綵。婿沐浴盛服，父率以告先祖，醮而命之。……出乘輿，鼓樂鳴鑼，親友送彩燈前導，沿途放花砲，好事者乘馬騎牛以從；雖遇官長不避。……至期，女亦沐浴盛飾以俟。婿入女門，駐轎庭除，從者捧鴈入置几案。小舅三致食物轎內，婿各具儀答之。次致荷包，婿復以練裙（新婦即於是日加著坐轎），送小舅花砲。女出廳事，父醮以酒，母命之。侍婢捧鴈，女外向舉鴈而拱者三。侍婢傳鴈從者，新婿隨鴈出。父以紫帕蒙女首，紫姑（送嫁婦也）引女登輿。……婦入婿門，父以八卦紅篩蓋婿首。少者一人向新婦轎前揖而請，新婦以荷包贈之。婿執紅篩蓋新婦首，入房；揭蓋頭袱，交拜傳杯就席，是為「合卺」之禮。[66]

　　舊時六禮程序為納采、問名、納吉、納徵、請期、親迎，男女結婚必須依序提親說媒，再提字仔、合庚帖，之後男家備聘金聘禮至女家下定，小聘、大聘皆完成後，再擇定成親吉日，至親迎之日，男方親赴女家迎娶，返回後拜見父母、夫妻交拜

66　清・周鍾瑄，《諸羅縣志》（臺北：臺灣銀行經濟研究室，1962），頁139-141。

並於新房中同飲喜酒，整個婚禮儀式完成，女方成為男方明媒正娶的妻子。

由於傳統漢人是父系社會，婚姻的締結在於得以「事宗廟」，祭祀祖先也承傳祖宗的家道、家業，可以「繼後世」，傳宗接代，因此婚姻並非個人的事，而是整個家族的大事，所以必須遵循一套隆重的儀節來公告宣示兩個家族的結合，而婚禮儀式便具有社會宣示及公開的重要作用與意義。凡仰父母之命、媒妁之言，透過齊備的六禮之儀，並由父母尊長主婚的婚禮，才符合「明媒正娶」，視為正式婚姻（又稱「正婚」），也才能獲得社會認可。

除了透過正式六禮明婚大娶外，舊時還有非經明媒正娶、儀式也較為簡略的變例婚姻，最常見的包括以契約、資買、勞役、酬勞等條件所形成的婚姻，這類婚姻通常需立婚約書，明文約定男女雙方的權利義務關係，故又稱為「契約婚」，如招贅、養婿、養媳、納妾、冥婚等。[67]

■ 舊時明媒正娶才算正婚。

一、招贅

67　參考洪麗完，〈契約文書與性別研究：以《臺灣社會生活文書專輯》為例〉，《近代中國婦女史研究》7期（臺北：中央研究院近代史研究所，1999/08），頁175-176。

清代臺灣方志中即有不少對平埔族婚姻的描述，從中可知舊時番俗已有贅婚習俗，如據《臺灣府志》卷七〈風土志·土番風俗〉記載：「俗重生女，不重生男·男則出贅於人，女則納婿於家。」[68]又《諸羅縣志》卷八〈風俗志·番俗·雜俗〉所載：「重生女，贅婿於家，不附其父；故生女謂之『有賺』，則喜·生男出贅，謂之『無賺』。」[69]平埔族多為母系社會，在其親族組織中女性佔有重要地位，婚姻上由男子入贅於女家，隨妻而居，並由女子繼承家產，也因此才有「重生女，贅婿於家，不附其父，故生女謂之『有賺』，則喜……。」而這種招贅之俗與漢人移入臺灣之初，男女比例懸殊，以及男子無力完成婚姻大事，正好產生「互補」作用，婚姻多沿襲平埔族的贅婚習俗。

　　除了平埔族母系社會本就有贅婚之俗外，贅婚通常源自女家缺男嗣，為傳宗接代、傳承後嗣，乃行招贅婚。俗語有云：「不孝有三，無後為大」，受到漢人香火傳承觀念影響，家中有無男子承繼香煙為極重要的事，因此若女家無男丁，通常會以招贅方式延續香火，並事先約定言明（或詳載於契字）將贅婚所生的子女中，至少有一子改從女家之姓，為女方繼嗣，[70]即一般俗稱的「抽豬母稅」。[71]其次，女家招贅也有為增加勞動力之故，舊時農業社會，亟需勞動力，而男子為主要勞動者，若女家因缺乏男性勞動力與家業管理者，亦有可能採行招贅婚。而

68　清·高拱乾，《臺灣府志》（臺北：臺灣銀行經濟研究室，1960），頁187。

69　清·周鍾瑄，《諸羅縣志》，頁169。

70　通常多以長子隨女家姓，以承繼承女家，次子以下則多隨男家姓，無繼承女家權。

71　抽豬母稅原指農家將母豬送人飼養，直到生小豬時可取回部分的小豬，作為報酬。

傳統社會觀念，男子入贅並非光彩之事，從俗語：「有一碗飯可食，不願被人招」[72] 可知男人入贅實非名譽之事，因此通常會願意出贅，多受限於家庭經濟因素，因生活貧困或兄弟眾多，難以負擔娶妻費用，故而入贅女家。由於入贅所需之費比起正規嫁娶的聘金來得少，甚至可免聘，部分出贅男子還可獲得女家豐厚的粧奩，或在經濟上的協助，因此對家貧無力娶妻的男子而言，成了另一種選擇。

此外，亦有因聽信相命師或算命仙之言，為避免女子刑剋丈夫或離婚，故折衷以招贅婚化解，如筆者曾訪談到安南區有名許姓婦人，該婦人因年幼時曾為摸骨仙斷言，若正婚嫁人，將來勢必剋夫或坐「回頭轎」，因此便以招尪方式成婚。[73]

招贅婚又可分為招婿與招夫，招婿是指未婚女子因其家中沒有男丁，故由家中父母為女兒招婿，以求男性子孫，或換取男方為女家服勞務。而招夫同樣是男方進女家的婚姻，與招婿最大不同在於招夫者為已婚之女性，是由婦女的夫家為其另招後夫。根據日治時期臺灣慣習研究會的調查，寡媳招夫可分兩種，分別為「招夫養子」與「招夫坐產」，招夫養子多為寡婦生活無以為繼，故招夫以維持生計並幫助養育原夫之子，招夫坐產則是以「治產」為目的而招，同樣都負有維持生計與養子之責。除了招婿、招夫外，清代臺灣還有招出婚，是指招入娶出，男方不需入女家，亦無需負擔女家的勞務，然而卻會簽訂

72　畠中市藏，〈臺灣に於ける婚姻の種種相〉，《臺灣私法》第 2 卷，頁 54。

73　訪談安南區居民張美卉，張美卉為許姓婦人之媳。（2017.11.23）

契約，載明男方須履行的條件，如負擔女方家的經濟，或日後生子需有一子繼承女家的宗嗣。

招贅婚是舊時臺灣常見的婚姻形式之一，然而其所引起的社會問題亦不少，如日治時期的《臺灣日日新報》便常可見因招贅婚所導致問題的相關報導，例舉一則如下。

貪奩入贅：嫁女必擇佳婿〈婿〉，娶婦必求淑女，若徒論財而不求嘉偶，鮮有偕老百年，而不聞交謫者也。臺南市草花街吳全，鞋商也，年將及壯，尚在鰥守，素聞統領巷盧乙之甥女某，帶字深閨，怙恃俱失，家有餘蓄，粧奩頗厚，思欲娶之，而苦於乏聘，因遣媒謀入贅焉，盧許之，吳遂向竹仔街合珍銀舖，賒出數件金銀首飾，預約入贅之後，妻財入守，當即奉趙。入贅數月之後，意欲娶妻財，一日謂其妻曰，汝所餘之財，寄於他人，每月得利無多，合不向他取出，與余添本作業，較為愈乎，其始女亦許之，奈所寄之人，是女之親屬，謂吳曰，子欲取金，必先為爾岳父螟蛉一子，又須喚人擔保，方可無虞，不然，此金一消，爾岳父之香煙，將胡所賴。吳見事不諧，由是絕跡不到女家，人有問之者，吳則聲言此女洞門深鎖，無路可通，即俗之所謂石女也，後盧知之，往訴保甲局，即備金若干與之，乃離婚。[74]

如上述因入贅引起家庭的紛爭，屢見不鮮，贅婚所衍生的

---

74 〈貪奩入贅〉，《臺灣日日新報—漢文版》2225號第5版，明治38年9月29日。

事件，常見者如男方因貪財入贅、以入贅作為詐騙手段，亦或贅婿將妻拐離岳家等，也成為舊時婚姻的問題。

二、童養媳

由於傳統婚禮中聘金所費不貲，非一般家庭所能負擔，加上農業社會勞力需求孔急，故而抱養貧家女童，[75] 待女童成年後與自家的兒子完婚，成為養家的媳婦，是為童養媳。由於童養媳是將來給養家兒子當妻子為前提，故又稱「新婦仔」（sin-pū-á）。通常身為媳婦仔的養女在年幼時便已為養家領養入門，一方面接受養父母的照養，同時也幫助家庭的勞務工作，因此與養父、母所培養的情感，亦可避免日後婆媳相處的問題。

當男家有意「育」（io）新婦仔」時，在看上適合的女童後，慎重一點者，會請媒人到女家「提親」，而女家通常也會提出一些條件，若男方同意的話，便會備禮物送至女家，契約就此成立，便可將女童帶回家。待「新婦仔」長大後，再選個黃道吉日讓其成親，即俗稱的「送作堆」。童養婚姻的舉行，由於收養當時男家已經致送財物以替代聘金，所以當選定好送作堆日子時，僅須口頭知會女方娘家何時歸寧即可，接著便是結婚當天宴請親朋，其餘婚禮的開銷大多都省下來了；[76] 而家境不

---

75 通常女家願意將女兒給人當童養媳，除了家境貧窮或子女眾多難以養育，為減輕家中經濟負擔外，也有受到傳統社會重男輕女的觀念，認為生女兒是賠錢貨，此外，亦有相信命運之說，如女童八字與父母相剋或命硬難養，必須送人養育等因素，故將幼女出讓給養家。

76 劉還月、陳阿昭、陳靜芳，《臺灣島民的生命禮俗》（臺北：常民文化，2003），頁183。

佳者，通常選擇在除夕夜，簡單舉行儀式，祭告神明祖先，即完成婚禮。

　　一般而言，養家在抱養童養媳時雖然仍需負擔部分財物以替代聘金，但比起日後正式媒聘、行六禮之儀娶妻所負擔之費用仍相對便宜，因此童養媳為舊時十分普遍的婚姻形式之一，直至戰後初期，臺灣社會仍有童養媳型態的婚姻。不過，隨社會經濟的發展、教育的提升，以及民眾思想觀念的進步，童養媳所衍生出人身買賣的問題，以及新婦仔與養家間的特殊又巧妙的關係（如幼時與養母是母女，長大後成婆媳，幼時與養家兒子為兄妹或姊弟，成年後變成夫妻），所產生的情感與心理層面等問題，也為人詬病，終使童養媳婚逐漸消失。

三、納妾

　　臺灣的婚俗，承襲中國明清時期，在禮法上基本仍是以一男娶一嫡妻為原則，如《明律》：「有妻更娶者，杖九十。」而清時亦相沿，也以重婚有罪。至日本統治臺灣後，民法上更以一夫一妻為合法婚姻形式。然而，自早於上層社會或富裕之家，公開或變相的多配偶現象卻普遍存在，由於律法上只承認一夫一妻，而將後娶的妻視為妾，依當時臺灣民事習慣所載，納妾既不犯重婚，亦不成為請求離婚之原因（司法行政部，1969a: 103），於戶口名冊上，正妻之外的配偶仍以「妾」之名義登錄，換言之，「妾」固然非正式配偶，也不像正妻在家庭

的權利，但也不構成通姦罪名，[77]所以一妻多妾的情況仍司空見慣，甚至不乏妻妾成群者。

　　中國的多妾制可上溯自遠古代，如《史記‧五帝本紀》便記載黃帝娶嫘祖為正妃並立多妾，是最早的多妾制紀錄；而按古禮，更有天子娶九女，諸侯七，大夫一妻二妾，士一妻一妾的制度。古時候為繁衍子孫、強化宗室（也確保宗族得以延續的保險機制），增加財富與提高權威，另一方面更為滿足男性的欲望需求，因而產生了一夫多妻（妾）的婚姻制度。由於中國自古並未實施嚴格的單偶婚，所以臺灣民間也沿襲了這樣的婚姻形態，蓄妾更成了顯貴或經濟優勢人家的慣習。舊時臺灣蓄妾大致有下列原因：（一）經濟生活富裕，為滿足情慾享受而娶妾，（二）因正妻缺乏生育能力，為求子嗣而蓄妾，（三）家庭事務繁雜，需人幫忙照料而蓄妾，（四）正妻為安撫其夫的情慾，避免家庭發生糾紛，而將陪嫁的女婢升任為妾。[78]其中又以承續香煙更為妾婚制度的存在合理化。而娶妾的方式，據《臺灣私法》歸納大致有娶入、契買、以及收取自自家婢女等。通常「娶入」式納妾，在過程中所轉讓的財物，可視為是聘金，若有訂立略式婚書者，則會送女方年庚給男方，[79]娶妾的程序與

77　張孟珠、楊文山、莊英章，〈日治時期新竹地區妾婚現象的歷史人口學分析〉，《人文及社會科學集刊》23：2（臺北：中央研究院人文社會科學研究中心，100/6），頁246-247。

78　莊金德，〈清代臺灣的婚姻禮俗〉，《臺灣文獻》14：2（南投：國史館臺灣文獻館，1963/9），頁485。

79　張孟珠、楊文山、莊英章，〈日治時期新竹地區妾婚現象的歷史人口學分析〉，頁248。

儀式，亦較正式婚姻簡單；「契買」即「賣身為妾」、「賣女為妾」，由女家書立契字載明收受身價銀及確實賣斷等字眼，交與男方收執，男方則付與女方「身價銀」；[80]另有將正妻陪嫁的婢女（隨嫁嫻）升格為妾，即「媵妾」。

　　傳統的父權社會，正式婚姻為一夫一妻，雖可允許納妾，也具有婚娶儀式，然而多數納妾形成的婚姻關係，皆具買賣婚的性質，女子或因出身貧寒，或無法獲得正式婚配，只能以自身來換取現金，為人側室，因此妾在家庭中並無正妻之權，地位亦遠不及正妻。

四、續絃

　　續弦是男性喪妻或離異後續娶，通常因家庭乏人主持，或因父母年邁，無人朝夕侍奉，或因子女年幼，需要人管教照應，而興起續絃之念。[81]續絃的婚禮繁簡視女方為初婚或再婚而定，若女方初婚可依禮行聘娶之儀，亦有從簡者，特別是女方若為再婚者。然而，因舊時的婚姻多重視正式結婚，且初婚才能行隆重六禮之儀，此由許多古籍文獻如《儀禮》、《家禮大成》中所提到的婚儀婚書多為初婚，便可見一斑，故續弦等這類再婚所行的儀式皆較簡單，少有以六禮之儀完婚。通常續絃的婚禮都較低調，續絃妻在成親時，甚至有不從大門進入，而由側門或後門入男家之俗，也突顯正妻與妾媵、續絃的地位尊卑之分。

80　參考臨時臺灣舊慣調查會編著，1993: 607-608。轉引自張孟珠、楊文山、莊英章，〈日治時期新竹地區妾婚現象的歷史人口學分析〉，頁248。
81　姚漢秋，《臺灣婚俗古今談》，頁56。

五、冥婚

冥婚是指為達適婚年齡而已逝之未婚男女所舉行的婚禮，形式大致可分為在世者與已逝者結婚，以及過世者間的婚姻兩類。臺灣民間的冥婚一般多指替未婚而亡的女子找歸宿，即由在世的男子迎娶已逝的未婚女子，所以又稱「娶神主」。

冥婚作為一種社會習俗，反映到現實社會是一種強化父系社會「男娶女嫁」的體制以及以男性為中心的文化思想，[82]因為女子必須出嫁生兒育女，辭世後才得享後代祭祀，若是未婚而亡，便無法列入家中祖先牌位接受奉祀，俗話說「尫架桌（神明桌）頂沒奉祀姑婆」、「厝內不奉祀姑婆」即是此意。傳統觀念裡向來將女兒視為外人，自古更以女嫁為「歸」，夫家才是女人永遠的家，如《詩經》〈周南・桃夭〉所云：「之子于歸」，因而臺灣民間才有稱出嫁女兒回娘家為「作客」，娘家則稱為「外家」之說法。未婚而亡的女子為求有被祭祀權，更反映出女子尋覓歸屬的重要性，否則一旦未婚而亡便有淪為孤魂野鬼的危機，即俗稱的「孤娘」。[83]早夭的孤娘即是違反或未能達成父系社會裡所要求的角色──為人妻、為人母，而成為孤魂野鬼，唯有依附男性才能重新回歸正常的社會秩序，獲得救贖。[84]因此，冥婚一途成了使其「有所歸」，成為夫家世系的祖先，

---

82 黃萍瑛，《臺灣民間信仰「孤娘」的奉祀：一個社會史的考察》（臺北縣：稻鄉，2008），頁53。

83 據婁子匡〈臺灣冥婚制與記事〉記載：「未婚的小姐，在世稱為姑娘，死去就是孤娘。」（婁子匡，〈臺灣冥婚制與記事〉，《婚俗志》，（臺北：商務書局，1970，）頁24。）

84 參考黃萍瑛，《臺灣民間信仰「孤娘」的奉祀：一個社會史的考察》，頁53。

永受祭祀，而不致淪為孤魂野鬼的途徑。[85]

　　早昔臺灣民間普遍的冥婚案例，多為女方父母因疼愛未婚早亡的女兒，恐其無人祭祀，故為亡女求婚配。而冥婚方式除了透過媒妁牽線，尋找適合的男子（一般多為貧困者），以金錢或優渥的嫁妝為條件交換其迎娶「神主牌」入祀；或常見亡女透過托夢、顯靈、甚至作祟的方式求出嫁的傳說，如阮昌銳於〈臺灣冥婚與過房之原始意義及其社會功能〉一文提到：「這種『人鬼聯姻』盛行本省中南部和東北部閩南人分布地區，客家地區較少見。大體情形如下：一家有夭折女孩已達成年出嫁之時，其家往往不安，經過托夢或求神而知女魂欲嫁（俗稱討嫁），家長即為其擇婿嫁之，擇偶方式南北不一，有時嫁後並獲得一子或二子為其子嗣，此後女魂即成為其夫家祖妣，永享男家奉祀。」[86]此外，還有以「撿紅包」的特殊方式來物色對象，通常由父母家人將未婚而亡的女子之生辰八字和金錢以紅布包好，放在路旁讓人撿，而撿拾到紅包的男子，女家便挾以習俗，謂其為有緣人，再以豐厚嫁妝或財物要求冥婚，而男子礙於習俗也因恐懼，多數會應允，如《臺灣風土志》記載：「在臺南，凡女子成年未訂婚約而死亡的，父母以其無後嗣供養，乃用紅紙條書名其生死年月日時，附現款四元、六元、十二元，或二十四元不等，包封妥當，遺置道旁，有人拾得的，即須迎娶

85　同上註，頁37。

86　阮昌銳，〈臺灣冥婚與過房之原始意義及其社會功能〉，《中央研究院民族學研究所集刊》33（臺北：中央研究院民族學研究所，1972），頁15。

其神主牌以承祀之，否則必有不祥之兆。」[87]而男子願意冥婚，除了撿獲紅包等非自願性因素，以及貪圖冥婚時女方的嫁妝豐厚外，亦有因聽信相命師之言，相信命中有雙妻命，為規避重婚、納妾等導致家庭失和，希望藉由冥婚化解；也有因身體不佳、事業不順、時運不濟、家庭不合、子女難養育……等種種因素而冥婚，如早昔臺南北門區沿海一帶，以及佳里地區常見冥婚現象，甚至有一庄頭內數人都娶「神主牌」的情形。[88]此外，民間亦有因俗信「鬼妻」會庇佑家宅平安、事業興盛，且男子冥婚後仍可另外娶妻，在不影響婚姻之下，又能使全家獲致更多庇蔭，因此而冥婚。[89]

冥婚的儀式與一般嫁娶無異，但較為簡化，費用多由女方支付，當雙方議定冥婚後，便開始準備嫁妝，通常冥婚會將訂婚與結婚同日完成，且受到民間陰陽觀念影響，多於凌晨3、4點舉行，迎娶時，男方與媒人備禮到達女家，祭拜女家祖先後再向冥婚新娘的神主祭告將迎娶，並以紅巾蓋住神主牌，由新郎抱神主牌向女方父母辭別，再放在米斗內，迎娶回家，當日將神主牌迎入新房，3日後（或擇日）再安置於男家正廳或入祀男方歷代祖先的「大牌內」，成為男家祖妣，同享後代子孫

87　何聯奎、衛惠林，《臺灣風土志》（臺北：臺灣中華，1989），頁75。
88　訪談民俗學者、大臺南文化叢書主編黃文博，當地或因受到乩童指示或其他個人因素影響，娶神主牌風氣頗盛。
89　如據姚漢秋《臺灣婚俗古今談》提到：「近來某些地區，又有一種迷信，以為娶鬼妻，可以在冥冥之中，獲得鬼妻的庇佑，家宅平安，甚而事業興隆。因有這些『好處』，『冥婚』反而更趨流行。」（姚漢秋，《臺灣婚俗古今談》，頁79-80。）

祭祀。[90]此外，亦有富裕的女家為亡女舉行較隆重之儀式，不但妝奩豐厚，還會以華麗的紙紮人像象徵新娘，一切儀節，以至歸寧皆依舊俗。如早年麻豆地區，冥婚會以紙紮的人像代替女方，同樣戴鳳冠穿蟒襖，出嫁時轎內放米斗，米斗上則放神主牌，男方連同紙人一起迎娶到男家，行禮過後再將紙人焚化，並將女方神主牌位放置於廳堂供桌上，完成冥婚。[91]按民間習俗，娶神主必須依儀俗侍奉，用餐時要多擺放一副碗筷，年節男方也要代替亡妻回娘家作客；而男子冥婚後依然可另結婚，但無論男子於冥婚前便已有妻室或冥婚後再娶，都必須視娶入的神主牌為「正室」，而其妻也要敬鬼妻（冥婚女子）為「大姐」，甚至會將所生之子，過繼給鬼妻，使其有合法的子嗣，永受祭祀。

現今社會，冥婚已甚為罕見，偶有案例大多都是未婚男女情侶因故雙亡，雙方家長為使他們泉下有伴，為他們舉行冥婚儀式，使其成為夫妻；[92]或已有婚約的男女朋友在婚前女方不幸亡故，男子為履行諾言也為讓女方有所依而舉行冥婚。

---

90 參考姚漢秋，《臺灣婚俗古今談》，頁78-79。

91 臺灣省文獻委員會口述歷史專案小組編，《臺灣婚喪習俗口述歷史輯錄》（臺中：臺灣省文獻會，1993），頁46-47。

92 如2008年有情侶跌落后豐橋罹難，家屬為其舉辦冥婚（〈情侶跌后豐橋罹難 辦冥婚結連理〉，2008/10/01 華視新聞網 http://news.cts.com.tw/cts/general/200810/200810010253929.html）；再如2012年林務局梨山工作站森林護管員因遭豪雨土石活埋雙亡，家屬後來也為其舉行冥婚（〈生死同月日　巡山員情侶冥婚〉2012/06/19大紀元新聞網http://www.epochtimes.com/b5/12/6/19/n3616050.htm）。

■ 第四節　臺灣漢人傳統婚俗差異性

　　臺灣婚俗儘管承襲福建與廣東的原鄉傳統，但隨著時移勢往，閩南人、客家人、外省人、原住民、新移民等彼此通婚狀況漸增，長時間交融後，生活愈趨緊密，習俗也有變化調整，以配合各地民情。所謂「十里不同風，百里不同俗」，受多元文化及族群、宗教信仰、地域、家庭背景影響，婚俗大同中有小異，每個地區或多或少有自己的禮俗，也因此外省、本省聯姻時常有對禮俗誤解甚至互不相讓，取消婚事者。

　　日治時期《臺灣慣習記事》中便曾提到：「土人（在地人）之結納（訂婚），聘禮（男方所送種種禮物）即依地方多少有不同處，但送金錢、綾綢、簪笄、大餅、豚肉、福壽萬字糖、鹿筋、鹿脯、羊肉、香料、蠟燭、彩花、荖葉、龍眼肉等是極為普通的，尤其中部以南要送禮檳榔雙座為例，即以銀作檳榔之形二個，上面鐫『兩姓合婚，百年偕老』八字，四字一句，女家受之，則收二姓合婚者，百年偕老一個即送還男家，然銀榔一對要花費數圓至數十圓，貧窮之家對此奢侈，實負擔不起，即用乾檳榔，上面以銀箔裝飾之，上面用墨寫字送之，此外尚以蓮蕉（幹細，花紅恰似蓮花）一株送之，取連招貴子之意，殆至滑稽。」[93]

　　關於訂盟後婚書的製作（男方送乾書、禮物予女家，稱納采或完聘，女方回送坤書及禮物），各地也有不同習慣，如《臺

93 《臺灣慣習記事》，第一卷（下）第九號，頁243。

灣慣習記事》中指出臺中地區只有上流社會製作婚書，一般人並不如此，但臺北地區則不管階級，一定都會製作。[94]而除了地域上可見到婚俗的差異性，各族群的婚儀和所要求的聘禮品項也不太相同，如客家人要閹雞、閩南人需㧒路雞、原住民則有刀與檳榔等。

　　總括來說，客家婚禮和閩南婚禮十分相像，例如出嫁當天新娘禮服內著貼身白色衫褲以示貞節，並收藏到壽終正寢時再穿於殮服底層。[95]而兩個族群的婚禮也皆有祭祖、壓茶甌、戴戒指、贈見面禮、添妝等禮俗，並準備㧒路雞、米篩、甘蔗，以及丟扇子、潑水、過火破煞、食茶、食湯圓、坐公婆椅等儀式，兩者已互相影響交融。

　　至於婚服，閩、客則有些微不同，漢人重視婚禮，儀式務求隆重，禮服講究華麗，甚至允許穿戴僭越身分的服制，著明式官

■ 傳統婚俗中新娘需跨越烘爐，踩破瓦片以破煞。

94 〈舊慣研究會問答筆記〉，《臺灣慣習記事》，第一卷第九號，頁35。
95 此套貼身衣裙通常會延請有福氣（福壽雙全）的婦人製作，在結婚當日穿過後即收藏起來，等到老年以後再穿於壽衣底層，取其（貞節）有始有終之意，此據連橫，《臺灣通史》記載：「男女成婚之時，先卜吉日，延福命婦人，以白布為製衣褲，謂之上頭服，取其潔。婚後收之，歿時以此為殮。」（連橫，《臺灣通史》，臺灣文獻叢刊第128種，（臺北：臺灣銀行經濟研究室，1962），頁604。）

臺南家娶禮公

■ 受多元文化及族群、宗教信仰、地域、家庭
背景影響，婚俗大同中有小異，但戴戒指則
是固定儀式。（蔡婉真提供）

■ 奉茶也是臺灣漢人傳統訂婚之儀。
（蔡裕惠提供）

服，即鳳冠霞帔。[96]臺灣早期閩籍女性出嫁當日，皆梳髻插簪
並戴上鳳冠，外穿紅色蟒袍及馬面裙、戴上霞披、雲肩，內著
白色衫裙（褲），雙腳穿紅鞋等。無力置辦華麗禮服的女性，
則自行縫製紅衫作為嫁衣。客家新娘著蟒袍繡裙大致與閩籍相
似，但頭上所戴珠簾、絨球裝飾的客家「大髻」則迥異於閩南
式綴滿珠子、點翠與鳥紋的鳳冠，且南、北略有不同。南部的
客家新娘頭戴垂飾珠簾之禮冠，以細密的珠串垂飾於前額而遮
掩面容，於儀式過後，將珠串撥開繫掛在耳際兩側。北部客家
新娘的禮冠則由許多紅色絨球、綴珠所組成的冠飾。[97]

　　依傳統客家贈送女方長輩阿婆菜或酒壺雞的習俗，[98]亦有地

96 《明史》〈志第43 輿服三〉：「庶人冠服：明初，庶人婚，許假九品服。」中國哲學
　　書電子化計劃 https://ctext.org/wiki.pl?if=gb&chapter=758293#p27
97 鄭惠美，〈大髻 雲肩 紅衫衣－客家新娘禮服演變與習俗〉，《囍：客家傳統婚俗特
　　展專刊》（新北市：新北市政府客家事務局，2012），頁34。
98 「早期客家人婚前，男方為答謝新娘外祖母生育新娘的母親，今日方能娶到新娘，
　　故南部有送『阿婆肉』，北部則稱『阿婆菜』的特殊禮俗，在其他客家地區也有將
　　此俗喚為『酒壺雞』。」（《囍：客家傳統婚俗特展專刊》，頁24。）

域之分。南部客家人結婚前一天，新郎會送給新娘的外婆一塊約20臺斤重的生豬肉稱「阿婆肉」，又名「腹痛肉」，感謝兩代生育之恩，藉此彌補女方親人心頭的不捨，也象徵新郎與女家締結骨肉親情。這項禮俗在北部也被簡化為改送雞鴨魚肉等佳餚的「阿婆菜」。

「南部六堆客家人，在結婚前一日，男方送阿婆肉至女家，由女方轉送女之外祖母；這種阿婆肉通常是約二十臺斤的一大塊生豬肉。……北部客家人，時至今日，結婚的禮數多已省卻，既不送阿婆肉，也不敬外祖；不過仍留有一些蛛絲馬跡。四縣人（即嘉應州籍客家人）要送女方的祖母輩（含外祖母），有幾人就送幾付，一付阿婆菜含雞一隻，豬肉一塊，魷魚一尾。海陸人（即惠州籍客家人）要送酒壺雞給女方舅父輩或外祖母家的長輩親戚，每人一份，另備一份敬女方祖先。……有豬肉一條，魷魚一條、酒一瓶，加上紅包一個是必須的，而收到禮物的長輩同樣要回贈紅包以外，在空酒瓶改裝淘米水退回。」[99]，舊時以此俗表示對女方長輩的感恩與禮敬，演變為今日結婚六禮中的酒瓶禮，但為求方便，已多用紅包現金代替。

目前臺灣各地婚禮形式儘管大致相同，但南部和北部仍有些微差異，如南部新娘未懷孕用米篩，有孕則一律使用全新帶把黑色雨傘，北部則不論懷孕與否皆使用黑傘；北部女方於訂婚時宴客，南部女方則在婚後歸寧才宴客，今日南、北部婚姻禮俗差異大致如下表。

99　周金水，《客家民俗》（桃園：桃園縣伯公岡客家文化協會，2007），頁140。

【現今臺灣南、北部婚姻禮俗差異表】[100]

地域　　禮俗差異	北部	南部
備品	婚禮顧問或婚紗公司包辦	新人到婚嫁百貨自行採購
聘禮*	不收聘金或收小聘退大聘 南北貨、六色糖 中部重盤擔（山珍海味，指罐頭） 與生因裙	收小聘 檳榔、香菸、冬瓜、冰糖、豬片、 石榴、蓮蕉 臺南人尤重嫁妝 高雄人重四色水果
禮餅	西式禮餅 中式大餅（兩塊對餅）	中式禮餅 盒子餅（六個方型餅）
迎娶／出嫁	無竹子青、禿路雞或用人造品代替 緣錢粉（有鉛片） 不論是否有孕皆用黑傘	有竹子青、禿路雞 緣粉（無鉛片） 無孕用八卦竹篩，有孕用黑傘
女方宴客**	於訂婚日同時宴客 婚宴多於餐廳舉行	訂婚日宴請少數至親 歸寧日宴請親友，並食新娘茶[101] 於餐廳舉行或以辦桌方式宴客
壓桌禮***	男方負責	無壓桌禮，喜宴全由女方支付
歸寧	無	有 帶甘蔗、甜米糕
	* 聘金視雙方約定，有稱「乳母錢」或「尿布錢」，表示感謝娘家養育之恩，亦有稱「做衫錢」，給新娘添置衣物。 ** 為求便利，今南部也愈來愈多於女方訂婚時同時宴客。 *** 婚宴最後一道菜為魚，此菜出完男方應留下酒席一桌的錢，並以「謝謝」代替「再見」。	

其實，新人的原生家庭背景也會影響婚禮舉辦方式與是否

---

100 此處所舉例為今日臺灣南、北部一般常見的婚姻禮俗差異，然而隨著時代變遷、主家考量或區域不同所產生的些微差異，加以婚俗交融等諸多因素，如今亦有南部人採北部禮俗，或北部人行南部禮，故實際上南北禮俗並無一定；此外，婚姻禮俗細瑣繁雜，僅約略明顯可觀察之部分，亦即概略，而無法逐一列舉。

101 結婚當天宴請親友後，新娘由媒人陪同，按長輩親戚輩分座位依序奉上甜茶，親友口唸四句聯並贈紅包，新娘回禮，從南部嫁到北部者則多在歸寧時舉行。

遵循禮俗，如現今許多父母深怕女兒婚後不幸福也不敢訴苦，而不依傳統習俗於迎娶時擲扇「放性地」（捨棄嬌貴之氣）與潑水（象徵此去永遠是男家的人，不再回頭）希望女兒帶著脾氣嫁出去，隨時可以回娘家。此外對於婚禮應備之物的詮釋也愈見寬鬆，不再受舊俗所限，部分新人甚至不依傳統習俗準備，只購買對方所需物品便成事，總之，婚姻禮俗的形式、內容隨著時代變遷也與時俱進，呈現多樣的面貌。

■ 各地禮俗不一，婚嫁百貨業者直接提供備品清單，款式應有盡有，讓新人一站購足。

臺南嫁娶禮俗

第 三 章

古禮：臺南傳統嫁娶儀式與禮俗

　　古禮婚俗禮儀有所謂的「三書六禮」，「三書」指在嫁娶過程中所用之文書，包括聘書、禮書和迎書。聘書即訂親時的文書，在納吉時，男方交予女方的書束；禮書，也就是在過大禮時所用的文書，載明過大禮的物品與數量；迎書則是迎娶新娘的文書，是親迎接新娘過門時，男方送給女方的文書。「六禮」即完整的婚禮儀式，最早的記載見於《儀禮》〈士昏禮〉和《禮記》〈昏義〉，包括納采、問名、納吉、納徵、請期、親迎，並稱「六禮」。

　　關於六禮的產生，根據杜佑《通典》記載：「遂皇氏始有夫婦之道。伏犧氏制嫁娶以儷皮為禮，五帝馭時，娶妻必告父母。夏氏親迎於庭，殷迎於堂，周制，限男女之歲，定婚姻之時，親

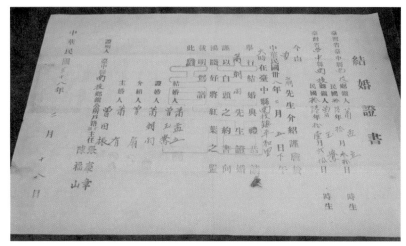

■「謹以白頭之約書向鴻箋，好將紅葉之盟載明鴛譜。」戰後初期的結婚證書證詞
流露典雅之美。（圖片攝於寶島時代村）

迎於戶。六禮之儀始備。」[1]中國最初的婚姻制度起源於上古時代，初始形式簡單直接，且先有「夫婦之道」後才有「嫁娶」之儀，經歷漫長歲月的發展，至周代「六禮」始備，開始遵循「三書六禮」之儀，秦漢以後，六禮逐漸形成定制，成為歷代婚禮儀式的基礎範本。

　　臺灣傳統婚禮大致上仍源自六禮，其禮俗依序為納采、問名、納吉、納徵、請期、親迎，其中納采、問名、納吉、納徵、請期等五禮屬「婚前禮俗」，而親迎才是真正進入「正婚禮俗」，另外，結婚後的成婦禮、歸寧則為「婚後禮」。

1　唐·杜佑《通典》卷五十八·禮十八·嘉禮三（臺北：藝文印書館），頁1-2。

臺南嫁娶禮俗

■ 第一節　婚前禮俗

　　古禮婚俗中的婚前禮，包括納采、問名、納吉、納徵、請期，是為表示對婚姻與婚禮敬慎的禮俗。

一、納采

　　「采」有采擇之意，為六禮中的首禮，當男女雙方已達適婚之齡，由男方遣媒妁前往女方家表達欲娶女方的意願，即所謂的「提親」、「說媒」，若女方許之，則男方再備禮正式向女家求婚，即請媒妁正式向女家納「采擇之禮」，此於《儀禮注疏》記載：「將欲與彼合昏（婚）姻，必先使媒氏下通其言，女氏許之，乃後使人納其采擇之禮。」[2]古時，納采必定以雁為禮，據《儀禮》〈士昏禮〉所記：「昏禮。下達，納采用雁。」[3]因為雁為候鳥，順時序遷徙，於秋季南飛，到春日再北返，南北往返間從無失信，象徵男女之間順乎陰陽，有婦人從夫之意；而班固在《白虎通德論‧嫁娶》中也云：「取其隨時南北，不失其節，明不奪女子之時也。又取飛成行、止成列也，明嫁娶之禮，長幼有序，不相踰越也。又婚贄禮不用死雉，故用鴈也。」[4]以雁為禮，象徵大雁南北往來守時守節，如同男女結婚不要違背婚時；且雁失配偶，不失其節，終生不再成雙，也藉以比喻男女

2　中國哲學書電子化計劃 https://ctext.org/library.pl?if=gb&file=98092&page=41

3　中國哲學書電子化計劃 https://ctext.org/library.pl?if=gb&file=98092&page=41#box（322,322,4,4）

4　中國哲學書電子化計畫 https://ctext.org/dictionary.pl?if=gb&id=53255

雙方忠貞不渝；而雁的飛行習性按長幼排序，從不踰越，引申為嫁娶之禮長幼有序，非不得已，不越序成婚。足見以雁為禮具有勸示和教化的功用，也反映了人們希望夫妻能白頭偕老的美好盼望。

納采的過程，據《儀禮》〈士昏禮〉記載：「主人筵于戶西，西上，右几。使者玄端至。擯者出請事，入告。主人如賓服迎于門外，再拜。賓不荅拜，揖入。至于廟門，揖入。三揖至于階，三讓，主人以賓升，西面。賓升西階，當阿，東面致命。主人阼階上北面再拜。授于楹閒，南面。賓降，出。主人降，授老鴈。」[5] 納采當日，男家請媒人手捧雁作為禮，來到女方家門外，對女方家通報，女方家出門迎接，賓主拱手作揖後，媒人再向女家主人表達前來行納采禮之意，待主人答禮並收下雁後，即表示女方家長正式應允，婚事得成，媒人便可返回覆命。

古時，納采禮物依年代不同、階層不同而有所異，後來所備之禮逐漸增加，在杜佑《通典》裡便詳細記載了從先秦到漢30種納采的禮品：「禮物，以元纁、羊、雁、清酒、白酒、粳米、蒲、葦、卷柏、嘉禾、長命縷、漆、五色絲、合歡鈴、九子墨、祿得、香草、鳳凰、舍利獸、鴛鴦、受福獸、魚、鹿、烏、九子婦、陽燧。總言之，物之所象者，元，象天，纁法也，羊和祥也，羣而不黨；雁則隨陽；清酒降福；白酒歡之由；粳米養食；稷米粢盛；蒲眾多，性柔；葦柔之久；卷柏屈卷附生；長

5　中國哲學書電子化計劃 https://ctext.org/library.pl?if=gb&file=98092&page=41#box（322,322,4,4）

命縷縫衣延壽，膠張合異類；漆內外光好；五色絲章采屈伸不窮；合歡玲音聲和諧；九子墨長生子孫；金錢和明不止；祿得香草為吉祥；鳳凰雌雄伉合；舍利獸廉而謙；鴛鴦飛止須匹鳴相和；受福獸體恭而心慈；魚處淵無射；鹿者祿也；烏知反哺，孝於父母；九子婦有四德；陽燧成明安身；又丹為五色之榮，青為色首，東方始。」[6] 這些聘禮皆有深遠的意義，或取其吉祥，以寓祝頌之意，如羊、祿得、香草、鹿等；或取各物之特質，以象徵夫婦好合，如膠、漆、合歡鈴、鴛鴦、鳳凰等均是；或取各物之優點、美德，以資策勵，如蒲、葦、卷柏、舍利獸、烏、受福獸、魚、雁、九子婦等；從禮物的意義來看，這30項物品雖然都有其經濟價值，但作為納采之禮，所求並非金錢與物質的實質價值，而是各物所表徵的意涵，是心理上期盼幸福的願望。[7]

二、問名

「謂問女名，將歸卜之也。」問名為六禮中第二禮，納采禮完成之後，男方具書，派人前往女家問女名。據《儀禮》〈士昏禮〉記載：「賓執雁，請問名。主人許，賓入，授，如初禮。」[8] 賓是媒人，主為女方家長，通常指女方父親，由男方家托人備禮（古時候同樣以雁為贄），前往女方家問女方的正式姓名、

6　轉引自阮昌銳，《中國婚姻習俗之研究》，頁22。
7　參考自馬之驌，《中國的婚俗》（臺北：經世，1981），頁40-42。
8　中國哲學書電子化計劃 https://ctext.org/library.pl?if=gb&file=98092&page=42#box（576,838,0,2）

年庚、排行等，同時並問女方父母的姓名，待問後，男方會合婚且占卦卜其吉凶。問名的目地除了占卜男女雙方的婚姻是否適合，也藉以知悉雙方家族來歷，亦有衡量是否門當戶對之意味。

　　「問名」在臺灣舊俗中又稱「提字仔」、「合八字」，當男方提親、說媒完成後，便要排算雙方八字。俗語有云：「落土時，八字命」，臺灣俗信，人出生時的年月日時辰，就已註定其先天的命數且無法更改，八字不僅關係個人一生的命運，甚至攸關著婚姻和諧、以至整個家族的吉凶興衰，因此雙方的生辰八字合不合，便成了是否得以成婚的關鍵因素。通常由男家擇吉日派媒人到女家正式取得女方的生辰八字，交送男家後，請相命師或占卜師合婚論吉凶。除了請相命師合婚外，也有將男女雙方的生辰八字書寫於紅紙上，請示家中神明或祖先。如周璽《彰化縣志》記載：「凡議婚，媒氏送女庚帖於男家，書其生年月日時．送三日內，家中無事，然後訂盟。間有誤毀器物者，即改卜。此即問名遺意也。」[9]另《嘉義管內采訪冊》有更詳盡記載：「問名：男家使冰人，俗曰媒人，求女家生庚，寫某年、某月、某日、某時，生庚用紅紙帖直書，中央至末字要雙、不要單。如遇單字，於生字上添一瑞字。帖囊外寫生庚二字．送至男家。男家父母將生庚置於神座上，是晚焚香禱告神祇，用清水一碗置在案上，候三日後，舉家平安、絕無虫蚊飛投水中

9　清・周璽，《彰化縣志》（臺北：臺灣銀行經濟研究室，1962），頁279-280。

為清吉。然後憑媒議姻訂盟。」[10]問名即閩南語所說的「討生時、問八字」(thó-senn-sî mn̄g-peh-jī)，由媒人將寫有雙方名字及生辰八字等「生庚」的紅紙，也就是「庚帖」，互送至雙方家，再將對方的庚帖，置於神明祖先的供桌上3天，向其稟告請示並點燃香燭祭拜，若3天內家中一切平安無事，六畜照常，也無吵架、失竊或打破碗盤等事發生，就視為是吉兆，婚事便可繼續進行，反之，若期間內有不祥之兆，則可提出終止婚事的要求。

傳統觀念普遍相信陰陽五行之說，因此男女雙方的八字若相沖相剋，對婚事極為不利，尤其女子出嫁從夫，男方家通常會更為重視女方命數好壞與否，若女方命中帶「煞」或「破格」(phuà-keh)等八敗命，[11]被認為是「煞星」、「掃把星」或「剋夫命」、「無囝命」，更有可能導致婚事告吹。此外，藉由問名，也可了解女方的身分，是「親生」或「收養」，是「正室」還是「繼室」所生，[12]因此庚帖成了婚配時的重要依據。早昔有些人家，為避免家中女兒因生辰八字不佳而遭男方拒婚，便在女兒一出生時就請相命師將「壞生時」改為「好生時」，目的就是希望將來在「合婚」時能順利，以求圓滿婚配，此從臺灣早期流傳的俗諺「女命無真，男命無假」，意指女人的生辰和實際往往大有出入，便足以說明生庚八字的重要，主宰著雙方的婚姻。

舊時臺南嫁娶，「問名」亦有請示祖先之俗，此於清代《重

10　川口長孺，《嘉義管內采訪冊》(臺北：臺灣銀行經濟研究室，1959)，頁34。

11　形容人在命理上有缺陷，常帶來霉運將事情搞砸。

12　涂順從，《南瀛生命禮俗誌》(臺南縣：臺南縣文化局，2001)，頁126。

修福建臺灣府志》、《臺灣縣志》、《諸羅縣志》等許多舊志文獻皆有記載，如《重修福建臺灣府志》記載：「婚禮，倩媒送庚帖，三日內家中無事，然後合婚；間有誤毀器物者，期必改卜。」[13]此外，《諸羅縣志》亦載：「凡議婚，媒氏送甲庚月日，女先男卜吉，然後訂盟；非古者『男先於女』之義，亦『問名』之遺也。」[14]臺南傳統婚俗，由媒人婆將女方庚帖送至男家，男家置於神前祖先案桌上卜吉，同時並放一碗清水，3日內若家中平安無事，且水清無汙，則表示吉兆；再將男方庚帖送於女家，女家接受後或問卜於星相，再表示同意合婚。不過舊俗也有男家先送男方庚帖給女家，女家先卜男庚吉凶，再同意合婚；[15]或於女家提出庚帖時，同時請媒妁送來男方庚帖，作為先探聽男方的依據。如認為吉祥，待男方送回女方庚帖後，將男女雙方八字合寫一帖，稱為「提字仔」。

問名之俗普遍見於全臺，然而據耆老口述，送庚帖卜吉之俗最慎重者，則當推臺南地區。早昔男女雙方在婚前並無交往機會，為求彼此了解，除了雙方長輩委人「探聽」外，便只能以八字來斷知對方，因此送庚帖卜吉凶成了必要程序，由此似乎也印證舊時臺南地區對婚姻大事的慎重心態。

---

13 清‧劉良璧撰，《重修福建臺灣府志》（臺北：臺灣銀行經濟研究室，1961），頁93。
14 清‧周鍾瑄，《諸羅縣志》，頁139。
15 黃典權、游醒民，《臺南市志》（臺北：成文，1983），頁22-23。

庚帖為寬1寸、長8寸的全帖紅箋，上方書寫男女雙方各自的姓名、身分與出生年、月、日、時等干支，男方的八字稱為「字仔」，女方的八字稱為「婚仔」，字數為求吉利，必須是偶數，有「成雙成對」之意，如遇奇數，男方則加一「建」字，意指健康出生；女方則加一「瑞」字，有祥瑞出生之意。講究者，還會書寫男女雙方主婚人的出生年，旨在男女雙方的八字是否與之相合，避免日後擇期相沖。此外，男方的庚書外會寫上如「天長地久」、「兩姓合婚」或「螽斯蟄蟄」等，女方的庚書則寫上「光前裕後」、「百子千孫」或「瓜瓞綿綿」等吉祥祝福語。

乾造		坤造	
○	○	○	○
○		○	
年	姓	年	姓
○		○	
○		○	
月		月	
○		○	
○		○	
日		日	
○		○	
○		○	
時		時	
建		瑞	
生		生	
男方庚帖		女方庚帖	

三、納吉

　　據《儀禮注疏》〈卷四〉鄭玄注云：「歸卜於廟，得吉兆，復使使者往告，昏（婚）姻之事於是定。」[16]男女雙方經問名占卜後，若為吉兆，男方則遣人將占得的吉兆通知女家，決定婚事，據《陳氏禮書》云：「納吉，即文定之說也，又謂之通書。」因為怕女方反悔，遂有再為申請之意。[17]古時候，納吉同樣派媒妁持雁去女家通報，如於《儀禮》〈士昏禮〉所載：「納吉用雁，如納采禮。」以作為訂盟合婚的依據，至此，婚事算是底定。

　　臺俗舊禮中，納吉即俗稱的「送定」（sàng-tiānn）、「捾定」（kuānn-tiānn），也就是「文定」、「小定」、「過定」，或作「小聘」。男方擇吉日良辰，準備紅綢（上繡生庚二字，即為庚帖）、金簪、金釧、耳飾、金戒指、豬羊、糕仔、粩花（糖米花餅）、糖仔餅、禮餅、喜酒、禮燭、禮香、禮炮……等12項聘禮，稱為「十二品」，至於聘禮內容，因地域不同而略有差異，但必須湊足12樣，多以具有吉祥寓意之禮，而據清代方志文獻，如《諸羅縣志》所記：「訂盟用庚帖及金銀釧，名曰文定、曰小聘。」[18]以及《彰化縣志》所載：「訂盟用庚帖及金銀釧，名曰文定。富貴家則加綵幣，名曰禮盤。女家用庚帖，隨輕重而報之。互用庚帖者，以謹始慮終，示無悔也。貧無力者，男家母嫂姆嬸，造女家覘媳，但用銀簪親插其髻，名曰插簪。」[19]其中

16　漢・鄭玄注、唐・賈公彥疏，《儀禮注疏》（臺北：藝文印書館，2011），頁77。
17　阮昌銳，《中國婚姻習俗之研究》，頁23。
18　清・周鍾瑄，《諸羅縣志》，頁139。
19　清・周璽，《彰化縣志》，頁280。

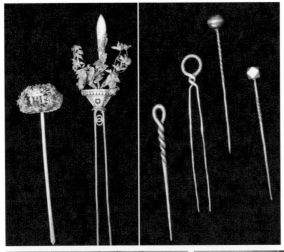

■ 早昔臺灣成年之禮，男冠女笄，多於婚時行之，因此簪釵亦是嫁娶時必備的聘禮之一。

■ 舊時嫁娶的項鍊多以龍鳳為飾。

■ 早年嫁娶禮餅有一塊餅配一塊糕，今日已較少選擇糕作為喜餅了。

庚帖與金銀釧為必備之聘禮，同時還要準備聘書，再將所有送定的聘物放置於「橀」中，在媒婆帶領下，男方父母與親戚扛橀前往女家舉行納吉儀式，女方收受聘禮、金飾後，將其置放於神明祖先案上供拜。

【檯（siānn）】

為舊時嫁娶或祝壽時裝運禮品的箱盒，常見為木製、上披紅布，底部寬闊無足，有單層或多層，外觀上或素雅無紋或雕飾華麗，尺寸有大、中、小之分，大者由二人穿棍扛抬，中者以一人挑擔般可肩挑兩件，小型則以手提。早昔婚俗，在完大、小聘時，須將聘金、聘禮、聘書等置放於檯中，請人扛至女家完成下聘禮儀，即俗稱的「扛檯」、「辦盤」，因此在嫁娶儀式裡常可見專門扛檯的人，尤其南部婚俗中備辦的物品繁多，扛檯隊伍浩蕩很是常見，因此又有「扛大檯」（kng tuā siānn）之說。

■ 扛檯在下聘或迎娶隊伍中十分常見。（圖片來源：教育部臺灣閩南語常用辭典）

男方下聘後，女家請男方家人依序入座，女方端甜茶步出正廳奉茶，即俗稱的「食茶」，經媒人引薦，依長而幼逐一向

臺南家娶禮俗

準公婆與男方親戚問安，並將茶甌敬奉給男方親戚，此時男家一面喝茶，一面趁機觀察女方容貌、身材、儀態，女方於奉茶後退堂，媒人隨旁唸吉祥話祝福，飲畢，女方捧茶盤出堂收茶杯，男方親戚將預先準備的紅包捲起放入「茶甌」內或一一壓置於「茶甌」底，稱為「壓茶甌」，收回茶杯後，女方即回房休息。

　　若男方中意女方，便由好命人牽引女方至大廳，面向外坐在女家事先準備好的高椅上（昔時招贅時則面朝內），雙腳放在小凳子上，由男方將戒指戴在女方右手中指上，稱為「掛手指」。舊時習俗，男方在為女方戴戒指前，女家會先交代女兒不要讓男方直接將戒指戴到底，手指要故意彎曲一下，以免女

■ 俗話說「坐予正，得人疼」，新娘端正坐姿由新郎為其掛手指。（吳秀緞提供）

■ 自早流傳，新娘掛手指坐高椅，翹腳矮凳，意謂好命。

方的氣勢弱了，婚後被對方「壓落底」（ah-lo̍h-té/tué，吃定之意）；此外，掛手指時戒指若滑順戴上，則將來婚姻較不易生變。

　　掛手指後，女方祭告神明祖先，之後將男方帶來之聘禮取出一部分，與事先準備好的禮物回贈男方，通常為新郎穿戴的衣料用品，如衣衫、鞋、襪、錢袋、眼鏡袋、筆袋、扇袋與文房四寶等，[20] 作為「回聘」，文定之禮即告完成。

■ 今日女方備辦酒席宴請男家的壓桌禮，多以現金替代。

---

20 舊時男子通常會在腰帶上掛錢袋、扇袋、香囊、眼鏡袋、筆墨袋、鑰匙袋或掛錶等，因有在腰間繫掛佩飾的習慣，所以民間嫁娶或喜慶年節時，這類囊袋雜佩也成了饋贈之禮。

送定之時為表慶賀婚姻已確定，當日中午，女家還必須設宴款待男家與親戚，雖然由女家主理宴請，但實際費用則由男家負責，男方必須致贈數個紅包，包括壓桌禮（或稱「宴席禮」，即女方備辦宴席的禮金）、總舖禮（廚師工資）、捧菜禮（上菜人的端菜謝禮）……等交由女家。男家親戚於宴席即將結束前便要離席，且依習俗離開前不可向女家寒喧道再見，有一次訂終身之意，也暗喻女方必須從一而終。

　　宴畢之後，女方將男家帶來的禮餅分送給親朋好友，以示女兒已完成小定之禮，而受贈之親友，於女方出閣日時皆須送禮祝賀，稱為「添妝」；男家也會將餅分贈給至親。

四、納徵

　　納吉之後，緊接著即是「納徵」，據《禮記》〈昏義〉記載：「納徵者，納聘財也，徵，成也。先納聘財，而後昏成，《春秋》則謂之『納幣』。」[21]納徵又稱「納幣」、「納財」、「納成」，亦有一說，古時士與諸侯禮不同，士稱「納幣」，諸侯稱「納徵」，又有認為納幣是從物的觀點而言，諸侯納徵其幣多，而稱之，納徵是就其意義而言。經此禮儀，婚約就成，故有「非受幣不親」、「幣必誠」、「無幣不相見」。[22]納徵時，男方按規定的禮儀將聘禮送往女家，女家接受聘禮，婚約即告成立。

　　古時候納徵之儀，據《儀禮》〈士昏禮〉曰：「納徵，玄纁

21　中國哲學書電子化計劃 https://ctext.org/wiki.pl?if=gb&chapter=309362
22　阮昌銳，《中國婚姻習俗之研究》，頁23。

束帛、儷皮，如納吉禮。」[23] 鄭玄注：「徵，成也。使使者納幣以成昏禮。用玄纁者，象陰陽備也。束帛，十端也。《周禮》曰：『凡嫁子取妻，入幣純帛無過五兩。』儷，兩也。執束帛以致命。兩皮為庭實。皮，鹿皮。」[24] 而《白虎通義》〈嫁娶〉亦云：「納徵，玄纁、束帛、離皮（儷皮），玄三法天，纁二法地也，陽奇陰偶，明陽道之大也。離皮（儷皮）者，兩皮也，以為庭實。庭實，偶也。」[25] 由男家致送兩張鹿皮及玄色和纁色的幣帛，玄帛三兩、纁帛二兩，玄色代表天，為陽，象徵男子；纁色代表地，為陰，象徵女子。由此也可看出「玄纁束帛」與「儷皮」，除有象徵陰陽的意義外，男方要向女方交納財貨當聘禮，也是對男方經濟能力的考驗，檢視其是否具有照顧家庭的能力。

納徵是古禮六禮中最重要的兩個儀式之一，古代儀禮對送聘的物品與數量皆有明文規定，其種類與數量多寡依男家的階級、經濟而有所不同，如鄭玄云：「士大夫乃以玄纁束帛，天子加以穀圭，諸侯加以大璋。」[26] 後隨著時代不同，聘禮內容品項亦不同，更有以錢財取而代之，且有聘禮愈多愈能彰顯身分地位之意味。納徵儀式在納吉後、親迎前進行，通常在大婚前一個月至兩週，由媒人與男家 2 或 4 位女性親戚，通常須為有福之女性，將聘書、禮書連同聘禮送到女家，而男方送聘禮時並備有禮單，女家於收聘之後亦須回禮，即完成婚約。

23　中國哲學書電子化計劃 https://ctext.org/yili/shi-hun-li/zh
24　中國哲學書電子化計劃 https://ctext.org/wiki.pl?if=gb&chapter=272298
25　中國哲學書電子化計劃 https://ctext.org/dictionary.pl?if=gb&id=53255
26　中國哲學書電子化計劃 https://ctext.org/library.pl?if=gb&file=98092&page=44

臺俗舊禮，納徵即「大聘」、「大定」，或稱作「完聘」，是婚禮中極為重要的階段，一般男家會請擇日師（或相命師）擇吉日進行，男家以聘金、金鐲、金簪、項鍊、新娘衣料、議定數量之大餅，分裝於各「檻」上，以及豬、酒、龍眼乾、金針、香菇、干貝等乾果擺滿各「檻」，由男方長兄（若無長兄由表兄代理）領隊，率領扛夫，浩浩蕩蕩在媒人陪同到女家，向女方主婚人呈送聘書，並將禮餅、聘禮逐一交給女家點收，女方收下禮餅與部分聘禮後，置於神明祖先前上香致祭；而女家一樣要準備男方衣帽、鞋襪及給男方父母的禮物做為回禮，放於原「檻」中讓男方帶回。中午，女家招待男方食用魯麵，最後女家再依男家前來下定的人數，各致送紅包，同時也致贈紅包給媒婆，即完成大定儀式。[27]

■ 通常於完聘前，男家會行拜天公儀式，圖為仁德地區嫁娶拜天公。（陳志昌提供）

　　臺南傳統完聘儀式大致包括謝神、扛檻辦盤、分大餅等程序。通常於完聘前一日，男家會懸燈結綵拜天公、演傀儡戲謝神，完聘當日，在媒人陪同下，男方攜帶聘書、禮書、幣帛（首飾）、聘禮等，署「納幣之敬」，扛檻遊行至女家，即

27　部分參考姚漢秋，《臺灣婚俗古今談》，頁24-25。

「辦盤」，女家收下聘禮並回禮後，再分大餅給親友鄰居，儀式即告完成，此將各程序詳述如下。

（一）謝神（拜天公）

　　民間俗信，人的一生從出生到成長，難免會經歷一些困厄或面臨到關煞（或稱關限），在面對茫然不可知的未來，為求能順利通過生命中的種種關卡，除了進行一些禳災祈福的儀式外，往往也會向神明祈願，而天公（玉皇大帝）是民間信仰中至高無上的神祇，統領眾神，也主宰宇宙萬物的興衰以及人類的吉凶禍福，自然成為民眾祈願的對象，在結婚時舉行拜天公的儀式，既是感謝天公與眾神庇佑家中男子順利長大成人，有還願答謝之意，而嫁娶是人生大事，另一個階段的開始，也藉以祈求婚後家庭的幸福圓滿，因此，拜天公也成了舊時民間嫁娶中最重要的儀式之一。拜天公儀式一般多為長男專屬，但實際仍取決於家裡長輩重視的程度以及男家經濟狀況而定，也有次子以下結婚舉行拜天公者。此外，亦有因發願為還願而拜天公，通常還會「刣豬倒羊」祭祀神明，如關廟地區的新人會至大廟山西宮答謝關聖帝君，東山地區於拜天公時會請當地的佛祖到家中觀禮賜福。

　　舊俗於「完聘」前一日深夜11時（同正月初九「天公生」的祭祀時間）開始舉行拜天公儀式，[28]祭祀前全家齋戒沐浴，

28　該時段乃一日之始，陽氣始盛的吉時，亦有一元復始之意，民間一般認為子時（晚上11時）一過便算翌日，因此又有完聘當天拜天公之說。

在正廳或前埕擺設祭壇，多以兩張長桌板凳或矮凳堆疊成「頂桌」、「下桌」形式的供桌，隆重者於頂桌前再繫上繡有吉祥圖案的桌裙，以顯莊重禮敬，並在桌腳繫上帶頭尾的甘蔗，取其「結尾」、「高昇」之意，此外，在頂桌中間並置代表天公、三界公的「天公座」（另也有於一旁設南、北斗星君的燈座），中央再擺上香爐，兩旁並備燭臺。由於民間俗信天公地位尊崇，無形可象，故以天公座象徵神尊降臨的寶座；三界公又稱「三官大帝」，即天官、地官和水官，[29]天官賜福，地官赦罪，水官解厄，在祭壇中設置三官大帝神位，乃是希望三官大帝為一家大小消災，進而賜福主家添丁興旺；而民間俗信南斗星君主掌註生延壽，北斗星君主掌註死解厄，故也有在嫁娶拜天公時迎請南、北斗星君以祈求解厄延壽。臺南地區天公座的數量因地而異，早昔舊城內多3至5座，而城外如喜樹、灣裡等地區甚至有高達7座，分別為天公、三界公、南北斗星君、以及諸神一座。拜天公的

■ 早昔拜天公多於自家門前設祭壇進行。（陳志昌提供）

29　相傳天官即堯帝，司掌人間福祿的賜予，道教奉為「上元一品天官賜福紫微大帝」；地官即舜帝，司掌人間罪惡之赦免，道教奉為「中元二品地官赦罪清虛大帝」；水官為禹帝，司掌人間災厄之解除，道教奉為「下元三品水官解厄洞陰大帝」。

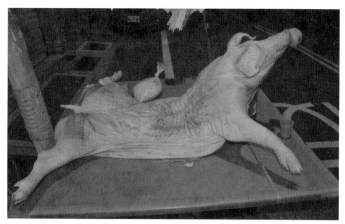

■ 自古以來便以敬天之禮最為繁複,嫁娶拜天公亦不例外,以全豬為
牲醴敬獻。(陳志昌提供)

供品,頂桌和下桌不同,頂桌是敬獻給天公,以清茶素齋品為
主,包括紮上紅紙的麵線 3 束(代表長壽)、五果、六齋[30](隆
重者準備「十二齋」,又稱「十二菜碗」)、山珍海味(薑和鹽)、
以及牽、圓、糖塔、薦盒等;下桌為犒賞天公的神明部屬,因
此是以全副五牲(雞、鴨、魚、豬、羊或豬肚、豬肝、卵)等
葷食,以及紅龜、糕粿等甜料為祭。而講究排場者往往會宰兩
隻豬謝神,一隻男家當日宴請賓客,另一隻於隔天送給女方作
為饗宴「添妝」的賓客。

　　祭祀時,全家穿戴整齊,開啟大門,由家長帶領新郎上香
祭拜,行三跪九叩禮,祈求天公賜福,祭祀後焚燒天公金、盆

---

30 六齋指乾料或素菜六道,如香菇、金針、木耳、豆皮、紅豆、黃豆、花生、海帶、
　　豆干、芋頭、麵筋等類任選六樣合稱六齋。

臺南嫁娶禮俗

■ 祭祀時，全家穿戴整齊，由家長帶領新郎上香祭拜行禮。（陳志昌提供）

金與天公座，再燃放鞭炮，即完成儀式。若是禮聘道士或法師主持拜天公「進表」者，祭壇布置則更為隆重講究，多似廟會拜天公道場擺設，儀式進行時先啟請天公、三界公（天官、地官、水官）以及南北斗星君等諸神，之後「入意」，道士或法師帶領主家分別向天公、三界公及諸神呈上疏文，並稟明主家兒子已成長將締婚，答謝神恩同時祈求眾神賜福，禮畢，致祭者於前埕焚燒金紙，祭儀完成。嫁娶時拜天公不僅是對天地神祇的尊重以及祈求賜福外，更象徵對婚姻的重視，透過隆重的祭儀如同告知新人已正式「轉大人」，將邁入人生另一階段，同時也有宣達嫁娶非兒戲，對婚姻敬慎之意味。

此外，早昔臺南有些人家在完聘拜天公時也會聘請傀儡戲班上演傀儡戲。傀儡戲源自泉州，用於酬謝神明時，為最嘉（佳）之禮，故又稱「嘉禮戲」，臺灣民間則常見於神明誕辰、

謝土、安神位與嫁娶等，而結婚時拜天公則是南部傀儡戲最常演出的時機，通常於長子完聘或結婚前夕時演出，演出順序大致為鬧廳、淨臺請神、正戲、壓棚等，略敘如下。[31]

1. 鬧廳：道士與傀儡戲班就緒，由道士引請戲人執香跪拜，宣告即將「鬧廳」，隨後傀儡戲班在祭壇前的空間，以鑼、鈸、鼓、嗩吶、拍板、梆子演奏樂曲，向神明稟告儀式將進行，戲將上演，請神明來觀賞，稱為鬧廳。

2. 淨臺請神：恭請戲神田都元帥與相關神明，包括土地公等，庇佑戲班，演師（或道士）焚香祭拜，口唸咒語恭請諸神來進行淨臺儀式，目的在使戲棚內外的表演區成為神聖空間，同時也祈求戲班演出順利。

3. 正戲：淨臺之後，傀儡戲班便可演出正戲。南臺灣拜天公儀式的酬神對象，分別為天公、三界公（三官大帝）與南北斗星君、地方諸神，依其位階不同，因其須演出三段戲碼。至於演出的正戲多為得官或祝壽，如〈薛仁貴征東〉、〈薛仁貴封王〉、〈子儀拜壽〉、〈七子八婿〉、〈狀元回府〉、〈狀元遊街〉等喜慶戲碼。

4. 壓棚：傀儡戲演畢，最後進行壓棚儀式，主家於戲臺前置一水桶，內放錢幣，另準備紅色湯圓、紅龜等甜食，新郎提一對書寫「添丁進財」的紅燈籠，由演師對新郎

---

31 以下傀儡戲部分參考自石光生，〈南臺灣傀儡戲結婚酬神表演過程的儀式與戲劇意義〉，Fiction and Drama（《小說與戲劇》）（臺南：成功大學外文系，Vol. 12, 2000/12），頁19-36。

臺南家娶禮俗

■ 傀儡戲又稱嘉禮戲，南部早期嫁娶拜天公時頗為常見。（陳志昌提供）

唸「翁某吃老老」、「早生貴子」等吉祥的話語，一旁眾人回應「有喔！」再指示請戲人拿出兩個紅包，一個給新郎放在新房做為「壓棚」即「安床」用，另一個給新娘，祝福新人早生貴子。再將天公座、疏文等焚化，最後將錢水與湯圓分給在場的人，藉由分享錢水與分食湯圓，與大家分享喜事，也形同獲得神明庇佑。

此外，舊俗於謝神當日，女家須準備喜幛、喜燈、禮燭、禮香、禮炮、戲綵、發盒、禮酒、桃盞、燻腿、鹿角、燕窩等12項禮品到男家祝賀，稱為「賀謝神」，男家則收前6樣禮品，其餘退回；而若男家收下戲綵，則須加演大戲為答謝。[32]

---

32 范勝雄，《府城之禁忌譴送和俚諺》（臺南：臺灣建築與文化資產出版社，2002），頁6。

■ 臺灣南部嫁娶時聘演傀儡戲帶有酬謝完婚的意義，可說是兼具宗教
　儀式與民間藝術的結合。（陳志昌提供）

（二）扛轎辦盤

　　男家擇吉日，將禮帖、婚書與完聘的禮物依序置於轎內，由媒人陪同押送，扛轎沿途燃炮遊行至女家，聘禮內容依地域及男家貧富而有所不同，較常見的聘禮大致包括：

1. 禮帖：以紅紙書寫摺成，上記載禮物內容與儀式次序，一般都放在第一個木轎內，與婚書、聘金、金鐲、戒指等放在一起。若為男家送給女家，封面上面書有「端肅」二字，若為女家送給男家的禮帖，上寫「肅復」二字，內容則是摘錄禮記書中的吉祥字句，以男家送給女家的禮帖為例：[33]

33　此禮帖範例轉引自陳瑞隆，《臺灣嫁娶習俗》（臺南：世峰，1998），頁29。

2. 婚書：即結婚契約書，男家送給女家的稱為「乾書」，女家送給男家的稱為「坤書」，又稱「回婚書」，就是對男家所贈婚書的還禮。

3. 聘金：結納金，數目為雙數。

4. 禮餅：南部禮餅傳統多採用「大餅」，上有「二姓合婚」、「百年偕老」、「囍」或男女兩家姓氏等字樣，象徵兩姓合婚，或有花葉圖案或龍鳳、鴛鴦等寓意吉祥的紋飾。通常大餅以斤計算，數量多寡端視男家財力而定，若女方親友多或嫁妝多，則禮餅通常也會要求較多，尤其民間嫁娶向來有「�（hīng，致贈）餅」之俗，而臺南嫁娶，更有禮餅斤兩愈重、數量愈多愈彰顯體面的意味，因此舊時府城的禮餅動輒單個便重5、6斤，甚至有高達8斤、10斤不等，一場婚禮下來禮餅總數常是高達百斤，十分可觀，也足見府城人對嫁娶禮俗的重視，「臺南人嫁女兒很會吃大餅」也成為府城婚俗的一大特色。

5. 花：即米香餅，有「食米香，嫁好翁」之意，藉以祝福新娘吃了米香餅便能覓得好夫婿，也如粍花般圓滿芬芳。

6. 冰糖：糖霜。

7. 冬瓜：以冬瓜製成的蜜餞。

8. 桔餅：以桔子加糖煮成的餅，「桔」通「吉」，取意甘吉。

9. 柿粿：風乾的柿子。

10. 麵線：即素麵，象徵長壽與白首偕老。

11. 豬羊：最早以全羊、全豬，後有以豬、羊爿（有錢者用有尾無頭的豬、羊半隻，家境一般者用帶有蹄的豬後腿、羊腿）。

12. 福圓：龍眼乾，有福之意。

■ 南部禮餅傳統多採用「大餅」，餅上常見「二姓合婚」、「百年偕老」等字樣。

■ 舊時聘禮內容與豐儉依地域及男家貧富而有所不同，多置於「欐」中扛至女家。

臺南家娶禮公

■ 約民國70年代的喜餅樣式。（品來芳餅舖提供）

■ 糖霜與冬瓜。

■ 舊時的餅模中央還有兩方凹槽，可將男女雙方姓氏的印章置入，象徵兩姓合婚。

■ 聘禮必備的金、香、炮、燭。

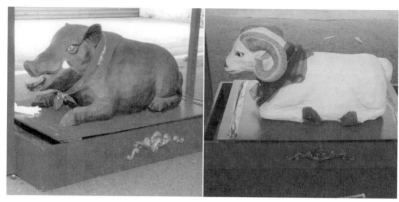

■ 古時以全羊、全豬為聘禮，今多以豬羊爿或火腿等替代。（圖為示意圖，為紙塑大師魏俊邦作品，陳清泉提供）

■ 舊時嫁娶必備的檻籃，可用來放檳榔、香菸招待賓客，或放置禮品，用途甚廣。

13. 糖仔路：做成塔形、八角形、卍字形等各種形狀之糖果。

14. 閹雞：2隻，象徵「起家」（khí-ke，興家立業、成家立業之意）。

15. 鴨母：2隻。

16. 大燭：龍鳳燭1對或數對。

17. 禮香：數束。

18. 盤頭裘裙：即新娘穿的禮服，衣料以討喜的紅色為主。

19. 手鐲、戒指。

所備之聘禮稱呼皆以「喜、全、老、雙、滿」等吉祥文字，且大部分聘禮數量採雙數，忌諱單數。男家將聘禮送至女家後，女家置於神明祖先前，奉告神明祖先；女家領受男家一部分的聘禮，或原璧送回，或退一部分禮給男方，其中，屬於男家福分的福圓、閹雞與鴨母必須退回給男家；而豬羊則可收下肉，但豬腳（或豬骨）一

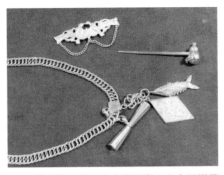

■ 日治時期，受西方文化影響，女方回贈男方的禮物中，也有以黃金打製的錶鍊，以及領帶夾等。

■ 完聘當日，男方攜帶聘書、禮書、幣帛、聘禮等，署「納幣之敬」，扛槺遊行至女家。（陳清泉提供）

定要退給男方，象徵著男方「肉可分人吃，骨不讓人啃」之意，也暗示香火歸於男方，女方收受聘禮後也須回新郎「頭尾」，即男方身上穿戴的衣帽、鞋襪、首飾、手錶等，以及送給男方父母的禮物做為回禮。此外，女方還會準備糕仔（音同「高」，隱含步步高升之意）、米香餅（「食米香，嫁好翁」之意）、五穀種子、火炭、犁頭鐵、芋頭（以上象徵富貴與生命繁衍）、鳳梨（取意「旺來」，上書「鳳凰來儀」）、香蕉（取意「招來」）、檳榔（取「相敬如賓」、「賓郎偕老」之意）、蓮蕉花（取「連招」諧音，有連招貴子之意）、桂花（象徵富貴）、石榴（象徵多子多孫）、糖仔路等6樣或12樣為回禮。之後男女兩家各自宴請親友，以示兩姓之歡、結為秦晉之好。

（三）分大餅

　　女方將男方所送的大餅分贈親友鄰居，稱「分大餅」。

五、請期

　　請期即「謂吉日將親迎」，據《儀禮》〈士昏禮〉記載：「請期，用鴈。主人辭，賓許，告期。如納徵禮。」[34] 鄭玄注：「主人辭者，陽倡陰和，期日宜由夫家來也。夫家必先卜之，得吉日，乃使使者往。辭，即告之。」[35] 古時男家以雁為禮，遣人前往女家告知大婚之日，女家受禮後，便定親迎日期。而據孔穎

---

34 中國哲學書電子化計劃 https://ctext.org/library.pl?if=gb&file=98092&page=44#box（498,865,1,0）

35 中國哲學書電子化計劃 https://ctext.org/library.pl?if=gb&file=98092&page=44#box（505,695,0,1）

達在《禮記》〈昏義〉疏云：「『請期』者，謂男家使人請女家以昏時之期，由男家告於女家。何必『請』者，男家不敢自專，執謙敬之辭，故云『請』也。女氏終聽男家之命，乃告之。」[36]更說明請期之「請」只是一種謙詞，儘管男家在前往女家之前婚期已先決定，但男家仍「不敢自專」，故以「請」的方式告知女家，也有徵得女家同意，除是對女家的尊重外，也顯現對婚姻的慎重。

請期即臺俗中的「送日頭」、「送日課」、亦稱「報日」、「乞日」、「提日」。根據臺灣舊俗，男家定好親迎日期，徵求女方的意見與同意後，請媒人將「吉課」連同幣儀（覆驗紅包）送至女家。所謂吉課，就是包括親迎前置工作，如裁衣開剪、開面、剃頭、安床，以及迎娶、上轎、進房等各項禮儀進行的時辰，因此又稱為「日課」。女家收到後，必須復書同意外，並回贈禮物給男家；若對日期時間有所意見，可再請擇日師覆驗擇期。

臺南請期，由男家請算命先生或擇日師依男女雙方生庚擇定適合男女兩家的吉日，再由男家正式將「請期禮書」（即書寫男女雙方生庚與親迎時日的紅箋）連同禮燭、禮炮（有些人家還會準備「日頭餅」送給女家，分贈親友）等送至女家，女家收到後慎重覆驗，除表示對婚姻的重視外，同時也評估準備嫁妝衣物的時間是否充足，經審視後若無須更日，便復書同意，並答禮回覆，吉日良辰就此決定。

---

36 中國哲學書電子化計劃 https://ctext.org/wiki.pl?if=gb&chapter=309362

▌第二節　正婚禮俗

　　成婚禮俗即親迎，也就是迎娶，在迎娶之前男女雙方還有許多事前準備工作，包括裁衣、開面、剃頭、安床等，而到迎娶當日的禮俗更是繁瑣，此節將分為迎娶前準備與親迎成禮，分述如後。

一、迎娶前準備

（一）裁衣

　　嫁娶是人生另一個階段的開始，因此大婚之日所穿戴的衣服必須為全新裁製，在擇日師擇定的吉時，男女雙方在廳堂向神明上香後，由福壽雙全，同時又是女紅能手的婦人負責裁剪縫紉，同時須留意迴避寡婦或肖虎等一般被視為較不祥之婦人。舊時女子結婚於婚衣內皆著白衣衫褲（裙），有象徵新娘的貞節之意，所裁的衣裳主要是大婚之日男女雙方所穿的白衣衫褲，以及女方當日穿的肚裙（肚兜）。

（二）開面

　　又稱「挽面」，是將面部細毛去除的「修容禮」。過去女子在未婚前不得挽面，要等婚事確定才可挽面，因為是第一次，故又稱「開面」。由於挽面被視為是一種禮俗，所以必須擇吉時，由父母先焚香祭告神明，新娘再上香，然後請親族中福壽雙全的女性長輩進行，以白色棉紗線將臉部細毛絞除，以保持

面容細緻，通常在完成後還要包「挽面禮」的紅包給來開面的長輩，並由男方負擔。此外，出嫁當日也有以檳榔、早稻、長命草與雞蛋等煮過後的水沐浴淨身，有潔淨去穢、祓除不祥之意。

（三）剃頭

男方依吉時，請理髮師在自家廳堂為其理髮，理髮前同樣須上香稟告神明祖先。

（四）安床

男方於結婚前擇吉日，在新房安置床舖，由於是生育子孫傳宗接代之處，故又稱「子孫床」。安置床舖時位置要視男女雙方的八字、窗向、神位而定，且不可與門、柱、樑、櫥櫃、鏡子等相對。再請好命人負責鋪好被褥床巾，同時準備米、鐵釘、紅棗、桂圓、蓮子、紅豆等寓意子孫綿延、人丁興旺的物品放置床上一段時間後撤走，再依吉時將床位移正。之後由肖龍的男童（龍在民間被視為是祥瑞的動物，有祝賀新人龍鳳呈祥與生龍子之意）在床上翻滾，稱「翻舖」，邊唸祝福話語如：「翻落舖，生查甫；翻過來，生秀才；翻過去，生進士。」預祝新人早日弄璋。

有些家庭為求慎重，於安好床後當日還會祭拜床母，祈求新人和樂富貴，早生貴子。此外，安床後置大婚前，也忌諱準新郎單獨睡新房，必須由未成年之男童作伴，以免觸犯「睏空舖，不死翁，也死婦」之禁忌。而新房在婚後1個月內不可空

懸無人，若新人外出，也必須於床上各擺一套新人的衣物，以破空床煞。此外，也禁忌肖虎（或其他與新人沖犯的生肖）、寡婦或曾接近喪事者進入探視。

二、親迎成禮

親迎即「迎親」、「迎娶」，為六禮中最後一道程序，也是婚禮中最重要的禮俗，男方親自去女家迎娶新娘，過門之後再行婚禮儀式，即成禮。古時「婚」字，原只作「昏」，據《釋名》曰：「婚，昏時成禮也。姻，女因媒也。」[37]，而按鄭《昏禮目錄》云：「娶妻之禮，以昏為期，因名焉。」[38]，乃因新郎於黃昏時刻正禮親迎，婚禮皆於傍晚進行，所以稱「昏禮」；且「婿（婿）曰昏，妻曰姻是也。謂皆以昏時而來，妻則因之而去也。」[39]故名「昏姻」，其後才加「女」字邊，成為「婚姻」。

親迎的過程，據《禮記》〈昏義〉所載過程為：「父親醮子而命之迎，男先於女也。子承命以迎，主人筵几於廟，而拜迎于門外。婿（婿）執鴈入，揖讓升堂，再拜奠鴈，蓋親受之於父母也。降出，御婦車，而授綏，御輪三周，先俟于門外。婦至，婿（婿）揖婦以入。共牢而食，合巹而酳，所以合体、同尊卑，以親之也。」[40]男方在家承領父命後，持禮物前往女家，

---

37 中國哲學書電子化計劃 https://ctext.org/dictionary.pl?if=gb&id=544082
38 中國哲學書電子化計劃 https://ctext.org/wiki.pl?if=gb&chapter=272298
39 中國哲學書電子化計劃 https://ctext.org/wiki.pl?if=gb&chapter=309362
40 漢・鄭玄注，唐・賈公彥疏，《儀禮注疏》（臺北：藝文印書館，《十三經注疏本》，2011），頁1000。

臺南嫁娶禮俗

■ 日治末期本町上的迎親車隊。（翻攝於品來芳餅舖）

女方父親則於門外迎接女婿，男方（新郎）執雁為禮物至女家之廟拜祭行禮，禮完而出，隨後夫行妻從，步出門外，再於大堂拜別岳父母並接受岳父母的訓勉，然後新郎迎新娘入車，載之歸家。出門外後，新郎親自為新娘駕乘禮車，車行3圈後，便由他人代駕，新郎則乘車先行返家等候新娘，待新娘到後，由新郎作揖禮請新娘入門，以示對新婦的尊重，之後兩人同食一物，共飲一酒，表示從此兩人一心一意，同尊卑，共親親。親迎是婚禮中最重要儀式，因此儀禮繁瑣，男方迎娶新婦入門後，經過拜堂、沃盥（沐浴潔身、梳洗）、對席（同席共食）、同牢合卺、餕餘設衽（洞房合床）後，正式成為夫妻。而據《禮

記》〈昏義〉、《白虎通義》〈嫁娶〉等文獻所提，親迎具有三個意義，一為整個婚禮過程中皆由男方主動，女方則處於被動，而親迎更由新郎親自迎娶新娘，表男先乎女，陽剛主於動，陰柔主於靜，極符合陰陽動靜之意。其次有博取新娘歡心之禮，如《白虎通義》〈嫁娶〉所云：「以陽下陰也，欲得其歡心，示親之心也。」[41]在傳統重男輕女、男尊女卑的社會，女子在家從父，出嫁後則從夫、子之意，侍奉翁姑，打理家務，因此對家庭的責任重大；且親迎當日，新娘即將離開養育自己的原生家庭，告別父母手足，面對全然陌生的新階段，心境上的惶恐不安更是難免，所以在大婚之日由夫婿親迎，無論是博取新娘歡心，或被視為體恤新娘，都是當然之禮。[42]其三，新郎至女家迎娶，同時也含有從女方父母手中親自接過來的意涵（形同現代婚禮儀式中，女方家長攙扶新娘至禮臺前，將女兒親手交給新郎一樣，可視為融合古禮後的變遷），對女家而言有託付女兒終身之義，對新郎而言則是承接下照顧新娘的責任，因此新郎親迎除了尊重，更蘊含對婚姻的敬慎與承諾。

　　臺俗的親迎，於舊志文獻中多有詳細記載，如《諸羅縣志》所云：

　　　　親迎，先期舂糯牮丸，色紅白相間；分送親友。至期，張燈結彩。婿沐浴盛服，父率以告先祖，醮而命之；取竹篩，蓋

41　中國哲學書電子化計劃 https://ctext.org/dictionary.pl?if=gb&id=53258
42　部分參考周何，《古禮今談》（臺北：三民，1992），頁61-62。

其首。篩飾以朱畫太極八卦，示『相生』之義也。出乘輿，鼓
樂鳴鑼，親友送彩燈前導，沿途放花炮，好事者乘馬騎牛以
從；雖遇官長不避。女家亦先期送丸親友，親友為之粲妝（即
添妝）。至期、女亦沐浴盛飾以俟。增入女門，駐轎庭除，從
者捧雁入置幾案。小舅三致食物轎內，婿各具儀答之。次致荷
包，婿複以練裙（新婦即於是日加著坐轎），送小舅花炮。女
出廳事，父醮以酒，母命之。侍婢捧雁，女外向舉雁而拱者三。
侍婢傳雁從者，新婚隨雁出。父以紫帕蒙女首，紫姑（送嫁婦
也）引女登輿。奠雁、款婿御輪之禮，未有聞焉；送裙、送炮，
不知於義何取（小舅致物，皆以斗覆其底。冠、筓日，或以大
簌箕鋪氈於上而拜，俗取團圓；然不雅甚矣？）

　　婦入婿門，父以八卦紅篩蓋婿首。少者一人向新婦轎前揖
而請，新婦以荷包贈之。婿執紅篩蓋新婦首，入房；揭蓋頭袱，
交拜傳杯就席：是為『合卺』之禮。[43]

　　再如《臺灣縣志》記載：

　　至於親迎，無論貴賤，乘輿結彩，鼓樂張燈，親友騎牛乘
馬，花炮之聲，沿途不絕。婿到女門，駐轎庭中，妻弟出揖，
三致食物；婿飲於轎中，各具儀答之。從者捧鴈置几上，新婦
出堂，先拜祖先、次拜父母；紫姑致鴈新婦，婦外向三拱，
轉致於婿家。父母以帕蓋其首，升轎同行。二日，父母遣人賫

---

43 清・周鍾瑄，《諸羅縣志》，頁140-141。

（齋）湯餅餪房；三日、廟見；七日旋馬，乃執婦事。是之謂
婚姻之俗。[44]

　　此外，據《嘉義管內采訪冊》所記：

　　迎歸：貧家多在年杪，用花轎，用烏四轎，因費多，故從
儉。富家不然，迎歸之日，男家用二童子，各乘轎，懸一對燈
在轎前，書男家某姓，曰「子婿燈」。又一童子前導放炮，仍
用豚肩、燭炮、冰糖等物在後。此日，炮要多備，送至女家。
凡女家弟姪、童子，皆欲分此炮，俗曰「舅仔炮」。又有完聘
時而順迎歸者，此兩家從儉也。

　　女家新婦上轎時曰「出閨」。將嫁之時，登廳堂，先拜祖
先，後拜父母，備酒席於廳中，父母、兄弟、姊妹共席歡飲，
謂之「分姊妹飯」。

　　女家新婦至男家婿門，用朮米丸湯，歡請內外諸人等，取
團圓之意。令一童子八、九歲，手捧錫盤一個，盤上置紅柑二
粒，向轎前作揖，恭請新婦出轎。新婦將紅柑收入袖中，用緞
製繡物件，或鎖匙袋、或煙袋，置於盤內，另擇夫婦齊眉、兒
孫滿眼之老婦人，扶新婦出轎進房。房中備嘉殽酒席，點紅燭
一對，在席上，夫婦同飲，行合巹之禮，俗曰「食酒婚桌」。[45]

44　清‧陳文達，《臺灣縣志》（臺北：臺灣銀行經濟研究室，1961），頁55。
45　川口長孺，《嘉義管內采訪冊》，頁35。

其他文獻所載內容則大同小異，親迎當日，男女兩家擠滿親友，新郎的「袍架」（即今日之儐相）到齊後，由媒人先導，在燃炮與八音鑼鼓吹奏下，親迎隊伍浩浩蕩蕩前往女家迎娶。到達女家，新娘先祭拜神明祖先，再拜別父母，食完「姊妹飯」後，擇吉時隨新郎返男家。新郎將新娘迎娶歸家後，於廳堂內祭拜稟告神明祖先，再向父母親行拜見禮，隨後夫妻交拜，之後進入洞房，並於案前燃花燭，共飲合卺酒（交杯酒），再相對食用「新娘圓」與「酒婚桌」，即完成婚禮。臺南舊時親迎之禮，大致如上述，然儀式過程仍略有差異，今將臺南親迎禮俗，詳述如後。

親迎之日，男家備轎，舊時迎娶時有所謂單頂轎與雙頂轎，雙頂轎是指新娘、新郎所乘坐，若新郎相信刑剋而不宜迎娶，則僱單頂轎。[46]並於每頂轎前掛紅綵，而新娘轎頂則特別披上繡有龍鳳、八仙等圖案的彩聯，意味龍鳳呈祥、制煞招吉。（普通人家以兩人抬轎，中上流人家則以四人抬轎），新郎新娘

■ 古時新郎倌騎馬迎娶。（示意圖，陳清泉提供）

46　姚漢秋，〈閩臺婚姻禮俗變遷〉《臺灣文獻》28：4，頁148。

■ 舊時，在放炮舅
仔與八音樂隊等
前導下，迎親隊
伍浩浩蕩蕩前往
女家迎娶。（示
意圖，陳清泉提
供）

■ 八音吹奏在早期嫁娶場合中十分常見。（陳清泉提供）

臺南嫁娶禮俗

■ 轎在古代為達官顯要、富貴人家的代步工具，結婚是人生一大喜事，讓新娘乘坐花轎，有顯示隆重氣派，也有熱鬧喜慶之意。

■ 采旛花轎櫳盈門，男家隊伍浩浩蕩蕩前來迎娶。

■ 早年新娘花轎內必放「轎斗圓」，現今已少見，或多直接以米替代湯圓。（陳志昌提供）

臺灣早期親迎，無論貴賤，新娘皆乘輿結彩。（示意圖，陳清泉提供）

今日合婚糖多已由各式糖果所取代，舊時合婚糖樣式只能從早期留下的糖模去想像。

轎後則懸掛紅色書有「兩姓合婚」、「百子千孫」的八卦及太極圖米篩（早昔放米篩稱「安米篩」），據說米篩呈網狀密布，象徵天羅地網，而八卦、太極多為民間用於驅除不祥之物，有避邪擋煞之效；此外，新娘花轎內必放「轎斗圓」（即以1斗2升的米製成的圓仔粞）以及轎斗豬腳。迎親出發吉時，新郎先祭祀神明與祖先，稟明即將前往女家迎娶，隆重人家還會於廳堂擺宴席，準備肉丸、豬肝、豬心、芋頭、花生、鯉魚等12道寓意吉祥的菜餚，由新郎與其儐相、小叔，另空兩席由舅父或姨父湊足後開動，稱為「吃上轎」。宴畢，新郎偕同媒人與娶嫁（6至12人），攜帶豬、羊、酒、魷魚、四色糖、香燭、禮

臺南嫁娶禮俗

盤（古時內置雁，後來改以雞或鴨、鵝），此外，府城城外地區早年男方在娶親的前一天，還要至女方家饋贈「合婚糖」，為整副包括8塊八卦糖及60塊菱形的小糖，意味「兩姓合婚，百年偕老」，在結婚當天用來放在床舖四個角落，據說還可制煞。[47] 將禮物盛裝於檻內，由媒人率領，在提「子婿燈」（燈上書寫男女雙方姓氏的紅燈籠，故又稱「字姓燈」）、八音樂隊與放炮舅仔（沿途鳴放爆竹）等人前導下，依序為媒人轎、叔爺轎、袍架轎、新郎轎、新娘轎，以及扛檻等迎嫁人員，浩浩蕩蕩，沿途敲鑼打鼓熱鬧吹奏至女家迎娶，親迎過程如下：

（一）上頭戴髻

所謂「上頭」，據馬之驌《中國的婚俗》所言：「請長者分別為適婚兒女行成年之禮，梳理頭髮為成年人的髮式，或男的則加冠命字，女的則梳成年婦人型的髮髻，……，此舉也稱為『上頭』，蓋亦古時冠笄禮之遺跡，而必行於即將結婚之時，於是冠笄之禮，遂與婚禮聯結在一塊兒了。」[48] 古時女子16歲（虛歲）為及笄之年，男子二十弱冠，表示成年，在結婚前男女雙方各擇吉日，男戴新帽，謂之加冠；女則挽面梳髮成髻，插上髮簪（簪仔），並戴上珠花，即冠笄之禮，之後便可開始議婚。臺灣之俗，冠笄之禮並不單獨舉行，而是合併於親迎之日舉。親迎日（亦有於親迎前擇吉日）男女雙方各自在大廳天公爐下

---

47 訪談振香珍餅舖負責人饒水樹（日昭和15年、1940年生）。
48 馬之驌，《中國的婚俗》（臺北：經世書局），頁85。

梳頭，上頭戴髻時，新郎面對神明祖先牌位，新娘則坐於地上鋪箍壺（扁平竹簍）的椅子上，面向廳外，梳髮盤髻，並插上象徵女子成年的髮簪，之後穿戴結婚禮服、禮帽，稱為「上頭戴髻」，並行拜天公之儀（同時祭祀三界公、南北斗星君、眾神與祖先，儀式如前文所述之拜天公過程），祈求婚姻和順平安。

結婚日新娘內穿白布短衫與白布裙，舊俗此套白色衣衫須保存一輩子，於死後「張穿」（換壽衣）時再穿，腹掛肚裙（肚兜），內裝鉛錢（象徵緣分）、烏糖（象徵甘甜）、五穀（象徵豐收）、豬心（表示知心，有心心相印之意）等12樣物品，外面再穿男家於完聘時送來的「盤頭裘裙」。

（二）勁（King）轎腳

女家於女兒出嫁前要宴請親友，稱「勁轎腳」，King有穩固轎子的腳，不讓其動搖之意，藉此引申婚姻乃人生大事，希望婚後能生活安定。當日親友自各地前來，一方面是祝福新娘，另外也給予新娘精神上的支持，讓新娘知道出嫁後，若有事發生時，她還有這些親戚可以做為後盾。

（三）食姊妹飯

親迎當日，新娘在出嫁前要與父母、兄弟姊妹圍桌吃團圓飯，有餞別之意（也有於大婚前夕或數日前吃姊妹桌）。舊俗新娘必須邊吃邊哭，表示依依不捨之情。食姊妹桌一般準備雞、魚、肉、菜等寓意吉祥的6或12道菜餚，席間家人也要說

吉祥祝福的話。

（四）迎轎

迎親隊伍抵達女家後，女家熱烈迎接，特別是小舅子要持放有紅柑的禮盤前來迎接姐夫，新娘的弟弟（或其晚輩）捧茶盤，以蜜茶、四果湯（冬瓜、紅棗、柿餅、蓮子煮成）、雞蛋湯、腰子湯其中之一敬獻給新郎，稱「食旬湯」。

（五）辭祖

女家備牲醴、水果、清茶、酒、湯圓、發粿及轎斗圓等，由全福婦人牽引新娘至正廳，父母先焚香稟告神明與祖先，隨後新人上香祭拜，向神明、祖先辭別，行跪拜禮，轉而再聽父母叮嚀並跪辭、叩首告別父母，新娘父親（或紫姑）為新娘蓋上頭蓋。新娘蓋頭之俗眾說紛紜，有源自古代搶婚習俗之說，後來衍生為避免新娘看到喜事「喜沖喜」，或是看到凶事「凶沖喜」。

（六）上轎

全福婦人挽新娘步入花轎，在上轎前，新郎還要特別送上豬腳、麵線、餅食、轎斗圓等禮物，稱為「轎前盤」或「屎尿盤」，是感謝岳父母將妻子把屎把尿養育到成年可嫁人，有報答其養育恩情之意。而新娘在上轎前則必須啼哭，有惜別父母不捨之情外，據說新娘哭越大聲，有興旺娘家與乞求婚後好命，因此稱之為「哭好命」。

（七）過米篩

之後，媒人或新郎手拿八卦米篩（有身孕者用黑色雨傘），遮於新娘頭上，護送新娘上轎，稱為「過米篩」。而在女兒出嫁後，女家也要以米篩封住門口，並以掃帚做往內掃之狀，防止福氣被女兒帶走。

■ 媒人手持八卦米篩遮於新娘頭上，護送新娘上轎。（陳清泉提供）

（八）擲扇

新娘上轎後，男方燃炮，在啟行不遠處，新娘從轎中扔擲一把紙扇，有「放扇，不相見」之意，另一說因「扇」閩南音與「性」及「姓」同音，擲扇子表示「放性地」（pàng sìng-tē，即放下壞脾氣）；此外，扇子可搧風，也

■ 舊時十分重視女子言行德行，擲扇「放性地」，以捨棄嬌貴之氣。

有「散去」之意，表示新娘從此將脫離娘家姓氏，冠上夫家之姓，成為夫家的人，有「去舊（姓）存新（姓）」，而擲出的扇子由娘家的兄弟或侄孫輩撿起，則有「留扇（善）給娘家」之意，而臺南麻豆地區早昔則有以紅紙包檳榔代替擲扇子，[49] 同樣

49　臺灣省文獻委員會口述歷史專案小組編，《臺灣婚喪習俗口述歷史輯錄》（臺中：臺灣省文獻會，1993），頁46。

為「放性地」之意。

（九）潑水

　　女方父親在轎子離開時要潑灑一盆（碗）清水，表示出嫁的女兒如潑出的水，象徵此去永遠是男家的人，不再回頭。

（十）親迎行列

1. 放炮舅仔：沿途鳴放爆竹。
2. 拖竹梳：又稱「拖青」或「透腳青」，是迎親隊伍前導，為帶根與枝葉、有頭有尾的青竹，因為竹有節，象徵新娘貞節，連根帶葉則表示生生不息，也有取意令翁姑、夫婦、子孫健在有福。於青

■ 相傳於青竹前端吊豬肉，繫在花轎上，是用來餵白虎星煞，避免危害新娘。

竹前端吊一塊豬肉，繫在花轎上，乃源於桃花女鬥周公的民間故事，相傳是用來餵白虎星煞，避免危害新娘。

3. 媒人轎：媒人所乘之轎。
4. 娶嫁轎：即男儐相，人數為雙，必須盛裝。此外，娶嫁轎內置一面銅鑼，用在催促新娘上轎，以免延宕時刻，使福氣多留置娘家。
5. 舅爺轎：新娘之弟所乘之轎，為護送新娘，轎前繫「舅仔燈」（或稱「新娘燈」），多以紅絹布包起，上有刺繡，日後吊於正廳或新房。

6. 叔爺轎：新郎之弟或同輩親戚的弟弟所乘的轎子，轎上掛
   著「子婿燈」（「字姓燈」），四周圍著書寫「鳳毛麟趾」、「麟
   趾呈祥」等吉利字句的白紗布，旨在讓人瞭解是那戶娶親。
   迎娶回男家後，再將子婿燈懸掛於神明廳的樑上，因「燈」
   與閩南語「丁」同，象徵新人在神明與祖先的庇佑下早日
   「出丁」。

7. 扛櫨與嫁妝：嫁妝依女家貧富不同而有所異，通常包括木
   製家具，如衫仔櫥、桌椅、梳妝臺、臉盆架，以及被褥、
   衣飾、布疋、首飾、金銀銅錫等生活器皿，其中一定要
   有桌櫃，因其閩南語音近「帶膭」（tuà-kuī）、「掛膭」（kuà
   kuī），皆為懷孕之意，嫁妝「俗櫃」取諧音象徵早生貴子。
   臺南府城地區昔日以嫁妝豐厚聞名，除父母長輩準備外，
   親友也會「添粧」（致贈嫁妝），因而有「要嫁臺北翁，要
   娶臺南人」的俗諺，因為臺南人「嫁妝一牛車」，部分大戶
   人家嫁女兒時還有「全鸞嫁」，即女方以「全房間」、「全廳
   面」、「田地」作為陪奩，也就是包括新娘房、大廳以及廚
   房等所有陳設，女兒一輩子所用之物品，如「百裙百褲」（指
   一輩子穿不完的衣服）、枕頭套、被褥等，[50] 以及巨額的私
   房錢，甚至還附帶「田塗」（田地與佃租）；次者則有「半鸞
   嫁」（或稱「半廳面」），是由女方陪嫁「全房間」或「全廳面」

---

50 舊時女子多會針黹，甚至刺繡及裁縫技術的優劣，成為公婆或親友用以評估新娘
   的標準，故舊時有「不會做衫，不能嫁翁」之說（池田敏雄，〈臺灣家庭與生活〉，
   《亞洲民俗社會生活專刊》，1970：204），而新娘嫁妝中多半會親自縫製一兩件物
   品（如枕頭套）作為嫁妝，直至日治時期，這樣的習俗還頗為常見。

■ 早年的嫁妝通常包括木製家具，如衫仔櫥、桌椅、梳妝臺等。

■ 古時，錫與「賜」字相通，有賜予、賜福之意，民間嫁娶也常以錫製粉盒為嫁妝。

■ 飯桶是舊時常見的嫁妝之一，寓意衣食無缺。

其中之一，[51]且嫁妝隊伍中，要走在最前面。此外，較特別的是，舊時府城嫁女兒還有陪嫁棺材之俗，棺材有真棺木，但通常為黃金打製、狀似棺材的金棺材，除了以示闊綽外，主要是預備死後買棺材用。由於早年交通不便且出嫁的女兒很少有機會回娘家（如城內之俗，僅過年出嫁女兒才能回娘家），加上傳統男尊女卑的觀念作祟，惟恐女兒嫁到夫家後被欺凌，或遭逢變故，無力辦理後事，所以陪嫁棺材，以及早準備，讓女兒死後還有棺材得以入土為安，因而傳習成風。[52]另一說，陪嫁棺材也意指出嫁從此就跟隨夫家了，希望女兒與夫婿白頭偕老，連棺材都不用擔心。

8. 新娘轎：新娘乘坐的花轎。

9. 隨嫁：婢女或是整理雜物的中年婦女，隨行服侍新娘。

10. 子孫桶：舊時子孫桶包括腰桶、腳桶、屎尿桶等4樣，又稱「四色桶」，腰桶包括一個水桶與一個大盆，平日做為沐浴之用，生產時可當生子盆使用；腳桶平時用來洗腳、洗衣，生產時用來洗嬰兒，因此名「子孫桶」，有子孫繁衍之意，通常桶子漆成紅色裝在紅布袋中，必須由富貴財子壽五福俱全之人才有資格擔，排在出嫁隊伍之末，因此也有人稱之為「尾擔」。

（十一）迎歸

---

51 呂順安主編，《臺南市鄉土史料》（南投市：臺灣省文獻會，1994），頁236。
52 訪談府城文史前輩鄭道聰。（2018.05.04）

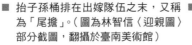

■ 抬子孫桶排在出嫁隊伍之末，又稱　■ 舊時隨嫁娶的腰桶，平日供沐浴，生產時
　為「尾擔」。（圖為林智信〈迎親圖〉　　當生子盆。
　部分截圖，翻攝於臺南美術館）

　　新娘轎抵達男家，由童子端茶驅前，新郎先出迎，手拿扇
子往轎頂打 3 下，並以腳踢轎門 3 次，據說有駕馭新娘，使其
順從之意。之後小叔拿柑橘請新娘下轎，再由紫姑（送嫁婦人）
牽引新娘下轎，媒人則取下轎背的米篩遮蓋新娘頭上，俗稱
「過米篩」（或「遮米篩」），驅邪避凶之外，據說也有新郎壓服
新娘之意。

（十二）破瓦、過火

　　男方於宅前放簸壺（扁平竹器）內置一塊瓦片，待新娘轎
抵達時停放其上並壓破簸壺與瓦片，稱「破瓦」；此外於轎前
放置一個燃生炭的烘爐，新娘下轎後要跨烘爐，稱為「過火」，
意謂去邪，而「生炭」與閩語「生」、「湠」（thuànn）音同，有
繁衍蔓延的意味，藉以象徵人丁昌旺。破瓦過火在婚禮上被視
為是一種「破煞」的儀式，由於過去認為「女命無真」，女子可

能原為命中帶煞或八字不好的命格，為顧及將來好尋覓對象，因此經更改其八字後才成為「好命人」，而男家基於此防衛心理，故於新娘入門前為其去邪祟淨身，在破瓦與過火時也要唸如「跨過火，入門才會有家伙」、「新娘官來踏瓦，入門致蔭全家都勇健」等四句聯，祈求圓滿吉祥。

■ 早年亦有在烘爐外置放箍桶用的細竹圈，有象徵夫妻同心，團結興旺之意。

（十三）捾子孫桶

將子孫桶捾入新娘房，並唸「子孫桶過戶模（hōo-tīng，門檻），夫妻家和萬事成」、「子孫桶捾入房，百年偕老心和同」、「子孫桶，舉高高，生子孫，中狀元。」等吉祥四句聯。

（十四）行拜堂禮

新郎、新娘於廳堂，男左女右，先拜天地祖先（一拜天地），再由長輩或母舅主持拜堂儀式，依序點燭、燃香、向父母親行拜見禮（二拜高堂），最後夫妻行交拜禮（夫妻對拜），儀式中並全程講四句聯吉祥話。

（十五）進房、坐財庫

新郎新娘齊入洞房對坐，椅子上舖一件新郎的黑色長褲，褲子下放銅幣或紙幣，夫妻並肩而坐，有象徵夫妻同心外，銅幣或紙幣意寓「財」，褲子則意寓「庫」，合為夫妻「命坐財庫」。

（十六）飲合卺酒（交杯酒）、食新娘圓、食酒婚桌

接著新郎挑蓋頭，舊時尚有兩人共飲合卺酒（交杯酒）之俗，象徵夫婦同心好合，隨後再相對食用「新娘圓」（好命人於一旁唸道「圓仔食甜甜，冬尾生雙生，一個手裡抱，一個土腳趖（sô，爬）」），之後祭祀床母，再由好命人將12道菜，包括雞、魷魚、鹿、豬肚、肉圓、魚、福圓、紅棗、冬瓜、芋、甜豆、桔子，一一挾至新人嘴邊做餵食狀，唸吉祥話祝福新人，如「食雞，會起家」、「食魷魚，生子好育飼」、「食鹿，全壽福祿」、「食豬肚，子孫大地步」、「食肉圓，萬事圓」、「食魚喙（tshuì-phué，面頰），緊做娘嬭（niû-lé，母親）」、「食魚尾叉，快做大家（ta-ke，婆婆）」、「食福圓，生子通好做狀元」、「食福圓，生子通好做狀元」、「食紅棗，年年好」、「食冬瓜，大發花」、「食芋，新娘緊大肚」、「食桔子，好結尾」，稱「食酒婚桌」。

（十七）鬧新娘

賓客參觀洞房，除祝賀新人外，也藉機以滑稽言行試探新娘，觀看新娘的應對，又稱「吵新娘」、「鬧洞房」。鬧洞房的形式並無一定，多為新郎的朋友，如麻豆地區還有在新房賭博，並將贏得的錢交給新人當紅包。

（十八）洞房花燭

當夜，新郎新娘吃新娘帶於肚裙內的雞蛋蜜柑，有甜蜜之意。而新婚夜也有許多馭夫馭妻的迷信之俗，如當夜新娘入新房後，新郎應立刻上鎖，可防止新娘婚後頻頻外出；上床後新郎的衣服須擺在新娘衣服上方，否則會被新娘「壓落底」（ah-lòh-té/tué，吃定）；新郎的鞋也不可被新娘踩到，而新娘則會故意將自己鞋子放在新郎鞋上，讓新郎日後多順從自己。

依照舊俗，洞房花燭夜，床巾概以白布，此與舊時重視女子貞操的觀念有關，新娘出嫁時內著白衫白裙的意思也是如此，藉以驗明新娘是否完璧。而當夜送嫁婦人也要守候在新房外，確保新人初次行房沒有意外後，才告辭離去，並將新娘的衫裙褻褲包紮，送回娘家，以報婚夜訊息，稱為「報包」。[53] 洞房夜過，夫妻親暱，髮絲纏結，到此才告成禮，正式成為結髮夫妻（另一說，結髮為「束髮」之意，與舊時女子及笄之禮有關）。[54]

---

53 范勝雄，《府城之禁忌譴送和俚諺》，頁12。
54 舊時所指「結髮夫妻」，乃是指初婚正室妻子，若姜室或斷弦再繼，不稱髮妻。

【臺南婚配禁忌】

　　臺灣傳統民間禁忌不勝枚舉，尤其在面臨人生重要生命關口時，為求避禍與順利通過關卡，往往抱持寧可信其有的心態，因此仍存在著許多禁忌，尤其舊時社會封閉、科學尚未昌明的年代，部分禁忌更被奉為圭臬而恪守不渝，大致上，臺南婚配禁忌可分為幾類。

一、姓氏禁忌

　　「同姓不婚」的婚姻禁忌源遠流長，遠自中國西周時代，即已確立同姓不婚的禁令，以維持宗法秩序，而臺灣早期多為閩粵移民，親族血脈錯綜複雜，難以確認，因此同姓不婚成為擇偶最大的避諱，雖然按今日觀之，同姓不婚可說是從優生學角度考量，但由於人類族群不斷擴大，如今同姓未必有血緣關係，因此，同姓不婚禁忌也不再嚴格被遵循（關於同姓不婚之禁忌可詳見本書第二章第二節）。

　　除同姓不婚外，常見的禁忌還有聯宗不婚，即俗語說的：「半邊宗內」，如「張、廖、簡」三姓於遠古時代本姓張而不通婚；「陳、姚、胡、田」四姓，姓始於舜，改以地名或選令名為姓；「徐、余、塗」三姓，為避兵亂，其它如蘇、周、連三姓，許、柯、蔡、葉四姓，洪、莊二姓，王、游二姓，皆被視為同一血統而不婚。此外，還有因收養、過繼或招贅而建立的關係，稱為「骨皮關係」，也在不婚之列，如「陳皮葉骨」，即指陳姓收養葉姓養子，

即陳姓為皮，葉姓為骨，故子孫不能與本來的生家葉姓通婚（如臺南市已有170年歷史的益春藥房原為葉姓家族經營，第四代陳作人日治時期原姓葉，後因過繼給無嗣的陳姓舅父而改姓，稱「陳皮葉骨」）。而在臺南，祖先有明訓，兩姓聯姻時曾有不祥之事發生者，或曾有械鬥恩怨者，家族也互不通婚，最明顯之例為鄭成功與施琅的世仇關係，施姓與鄭姓後代不能通婚；以及鄭姓不與郭姓通婚，據傳因鄭姓有一支改姓郭，怕娶到同宗族的人。不過，此類因仇怨不婚的現象，近代已有改變，或常利用締婚來化解家族的仇恨。

二、生肖禁忌

早期民間相信生肖影響性格，因此十二生肖是否相配，過去也是婚嫁重要考量，同時由五行變化推算而有三刑（差3歲）、六沖（差6歲）之禁忌。此外，虎在臺灣民間信仰中一向帶有凶煞的性質，故多有忌諱，如嫁娶時忌肖虎者參加、禁止肖虎者進新娘房，肖虎者也不宜當媒妁等，以免傷及新人或破壞姻緣。不過，隨著民眾智識漸開，時至今日，生肖婚配已不再迷信，至於肖虎者於婚禮儀式中的禁忌，部分長者仍抱持寧可信其有而不敢輕忽。

三、時間禁忌

最常見不外乎是嫁娶年、月的忌諱，結婚是人生大事，一

般多經命相師或擇日師擇吉日並配合良辰吉時進行，臺灣民間俗信，農曆5月為惡月、7月是鬼月，皆不宜嫁娶，而6月娶的新娘是「半年某」，不能白頭到老，故也盡量避忌。而據臺灣民間說法，一年當中若出現兩個立春，該年即為「孤鸞年」，有恐無法鸞鳳雙飛，會導致夫妻聚少離多，難以白頭到老，因此也禁忌於孤鸞年舉行婚禮。此外，臺灣早期農業社會為配合農耕作息，因而節慶或禮俗多順應四季交替或天體運行，也影響嫁娶月份的選擇，如舊時於秋收後農民才有稍事休息之機，所以也是嫁娶的好時機，因此於秋冬或年末之際，常見有人舉行婚禮，而受到「有錢沒錢，娶個老婆好過年」觀念的影響，許多人更喜愛於過年前完成婚事。（關於婚配時機與禁忌可詳見本書第二章第二節）

四、地域性禁忌

舊時臺南有兩地不通婚之例，如鹽埕與四鯤鯓早年兩地為了擺渡與神明之事而引起兩庄結怨，衍生四鯤鯓龍山寺清水祖師與鹽埕上帝爺公鬥法的傳說，四鯤鯓庄民甚至不再通過鹽埕，改繞道三鯤鯓，因此與三鯤鯓結為交陪境，而鹽埕與四鯤鯓兩地恩怨也導致兩庄庄民互不通婚。喜樹與灣裡亦曾為搶王船，雙方鬧翻，一度影響兩地通婚嫁娶，不過隨著時光流逝，今已無此禁了。

五、年齡禁忌

最常見不外乎是「男忌逢九娶某，女忌逢八嫁翁」，俗語說

「男逢九，女怕八」，因此往昔男性要避開虛歲逢9歲，如29、39歲……，女性避開虛歲逢8歲，如28、38……等歲數，不但民間流傳不宜過生日外，更有此虛歲年齡不宜嫁娶之說。其中，又以男性更為重視，有所謂「逢九不娶」，據說此乃因為數字之中以9最大，為免犯沖而衍生此說；另有一說，是習俗上認為9是人生中重要的一個關卡，因此不宜做重大決定。此外，安平地區早年男性還忌諱25歲娶妻，但由於觀念的開放，今已無此禁忌。

■ 第三節　婚後禮俗

古婚禮儀式雖然到親迎、新人進入洞房後便算成禮，但為使新婦在成為男家的一分子後，順利適應並盡快融入夫家親族，所以有「婚後禮」，雖然不在傳統六禮中，但卻也是婚姻禮俗中十分重要的一部分。由於傳統漢人乃父系社會，女子婚後便從此居於夫家，因此婚後禮又稱「成婦禮」，包括：婦見舅姑、婦饋舅姑、舅姑饗婦、廟見成婦。[55]

---

55 古時也有「成婿禮」，成婿之禮多始於親迎，另據《儀禮》〈士昏禮〉所述，若男方因故未能行親迎之禮，婚後須至岳家拜見，為另一種成婿禮。通常程序之禮多指女婿去拜見岳父母，向其表達感恩之意，並藉此增進姻親之誼。此外，關於成婿禮的文獻記載並不多，故於此不作詳述。

（一）婦見舅姑

據《禮記》〈昏義〉記載：「夙興，婦沐浴以俟見。質明，贊見婦於舅姑，執笄、棗、栗、段脩以見。」[56]古時，女子稱夫之父為「舅」、夫之母為「姑」，婚後隔天，新婦便要早起，沐浴梳妝，以棗子、栗子、乾肉等為禮，拜見公婆，而所備之物也各具其意，棗取「早」之意，栗有「戰慄」之意，由此也透露出為人新婦謹慎恭敬謁見翁姑的心情。而新婦在拜見翁姑後，為表示接納，由贊者代翁姑授醴酒給新婦，新婦行禮後，取肉脯交給門外娘家來的人，表示已為翁姑所接受，以令娘家安心。

（二）婦饋舅姑

新婦過門3日，要下廚煮飯以饋翁姑，表示盡孝道，如《禮記》〈昏義〉所載：「舅姑入室，婦以特豚饋，明婦順也。」[57]另外，唐代詩人王建〈新嫁娘詞〉云：「三日入廚下，洗手作羹湯。未諳姑食性，先遣小姑嘗。」也描述新婦過門下廚孝敬公婆的情景。婦饋舅姑，除了孝敬公婆之意，也表示接下來即參與家事，主持中饋。

（三）舅姑饗婦

新婦在饋養翁姑後，翁姑則回敬「一獻之禮」，據《禮記》

56　中國哲學書電子化計劃 https://ctext.org/dictionary.pl?if=gb&id=10404
57　中國哲學書電子化計劃 https://ctext.org/dictionary.pl?if=gb&id=10404

〈昏義〉記載：「舅姑共饗婦以一獻之禮，奠酬。舅姑先降自西階，婦降自阼階，以著代也。」[58]「一獻之禮」是古代饗士之禮，主人禮賓時進酒一次為一獻，隨後，翁姑共同以一獻之禮來款待新婦，答酒之後，翁姑先自西階（賓位）下堂，新婦再由阼階（主位）下堂，然後翁姑至賓位，而新婦轉至主位，表示婆婆授之以室事，自此由新婦接下主持家政的重責大任，而此舉也有交棒傳承之意。

（四）廟見成婦

　　廟見為成婦之禮中的重要儀式，即婚後至遲3個月，新婦至夫家宗廟祭告祖先，表示婚姻已取得夫家祖先的接納。不過，關於廟見之禮的意涵，歷來存在著幾種不同的說法，一說廟見是新婦祭祖先之禮，二為祭已故舅姑之禮，三是新婚夫妻祭祖後始能同房的成婚之禮。[59]根據《禮儀》〈士昏禮〉記載，在新人完婚後第3天必須穿戴整齊祭祖先，然後再正式向翁姑跪拜，即「三朝祭拜」，儀式完成後表示新婦已經納入男家，正式成為男家中的一分子，而〈士昏禮〉的經文亦提及，若新婦過門時，翁姑已不在人世，則必須延後3個月行「廟見之禮」，於宗廟奠菜祭拜，如同行正式的拜見禮。至於另一說為新婚夫妻在結婚之初的3個月內不得同房，需要等到三月廟見後才能同房，始得真正成婚，婚姻關係也才算成立的說法，則多有爭

58　中國哲學書電子化計劃 https://ctext.org/dictionary.pl?if=gb&id=10404
59　林素娟，〈古代婚禮「廟見成婦」說問題探究〉《漢學研究》，21：1，臺北：漢學研究中心，2003/6，頁47-76。

議。[60]根據學者考究文獻典籍，普遍認為廟見應從宗法的角度來解釋，是以新婦祭祖先之禮最能符合文本精神。婚姻的目的本在於「上以事宗廟，而下繼後世」，祭祀祖先為家族最重要之事，故新婦藉由祭祀祖先的儀式，盡到為人婦之責，也與夫家親族有了正式的連結，他日去世之後，也才能入祀夫家。而廟見古禮，後來也多由3月之期改為3日，如宋代《文公家禮》便認為古時三月廟見時間過長，其〈廟見〉詞條曰：「三日，主人以婦見於祠堂。」再如《清史稿》〈禮志〉所記：「庶民……婚三日，主人、主婦率新婦廟見；無廟，見祖、禰於寢，如常告儀。」[61]到後來更與「三朝祭拜」融合，於婚後第3日一併舉行。

臺南婚後禮，於清代方志中不乏記載，如《諸羅縣志》所記：

厥明見於舅姑，三日而廟見，從伊川先生所定也。拜舅姑，賜以金錢；夫婦相向再拜。廟見日，婦獻茶於先祖畢，獻茶舅姑；被襪、靴履、膝衣之屬以為贄，皆拜。次拜諸父、諸母，長親卑幼以次答之；分致履襪膝衣，卑幼以荷包，名曰拜茶。既畢、舅姑宴新婦，諸母姑妗與焉。酒數巡起、撤新婦席送婦家，儀節殺於內地。是日，婦家以食物餽女，俗曰探房、亦名散茶。次日，婦乃入廚，問理井臼蘋蘩之事。旋車，或五日、

---

60 關於「廟見成婦」之爭議，本文不作深入探討，相關論述可參考林素娟，〈古代婚禮「廟見成婦」說問題探究〉一文。

61 清史稿校註編纂小組，《清史稿校註》卷九十六〈禮志〉（臺北：國史館，1986），頁2818。

或七日，必待婦翁之請。鼓樂前導。婿及女至，謁於先祖。奉贄於岳父母，受而別具儀物答之。獻於伯叔尊長，皆反璧；贈於小舅、內侄，受而不報。宴婿於外，女於內，酒數巡起，婦翁送席婿家答前既。婿女俱辭歸（亦有次日再請，因設帷帳館婿與女；或一月、二月者，謂之豎月）。[62]

以及《臺灣縣志》記載：

二日，父母遣人賚湯餅餪房；三日、廟見；七日旋馬，乃執婦事。是之謂婚姻之俗。[63]

再如《重修臺灣府志》所載：

三日廟見，以次拜公姑、伯叔嬸姆，謂之「拜茶」。是日外弟來，名曰「探房」。午讌新婦及外弟；婦之父兄，請而後至，不輕造也。四日或七日，外父母請婿及女，名曰「旋家」。外家親屬，婿各備贄儀；惟外弟納之。飲畢，婿偕新婦同歸。五日，外家再請諸親相陪，名曰「會親」。女先往，婿近午始至。飲畢婿回，女留三日後始回。[64]

舊俗婚後第3日，新婦始出洞房，到廳堂謁拜祖先，即古

---

62 清‧周鍾瑄，《諸羅縣志》，頁141。
63 清‧陳文達，《臺灣縣志》，頁55。
64 清‧范咸，《重修臺灣府志》（臺北：臺灣銀行經濟研究室，1961），頁399。

時「廟見之禮」，再跪拜父母，致茶給族親，稱為「拜茶」；之後新婦要入廚房烹飪，作為從事家務之始，通常烹飪的食物中必定有雞，取「起家」之意，代表興家立業；而娘家則必須遣派新婦的兄弟餽送食物問候，名義上雖為「餪女」，但實則所準備的食物新婦也必須先獻公婆，以及分享給小叔或小姑等，新婦的兄弟前來餪女，另外也有探訪新婦嫁後的起居情形，又稱「舅子探房」，根據臺南禮俗，當日舅子前來還必須把結子的紅花送給新婦，並換掉原來插在頭上的花，意在求吉利，祈求新婦早日生子。婚後第4日新人攜帶糕仔及禮物，首度返回娘家，由娘家父母宴請女婿，講究一點的人家還會於翌日再請親友作陪，稱為「會親」。婚後12日或1個月（最遲4至6個月），娘家弟妹還要迎接新人回娘家省親，稱為「作客」或「轉外家」、「雙人轉」，新人攜帶禮餅、米糕、米糕、桃餅、蜜餞等為禮物回娘家，除了討好兩老，也寓意婚姻凝聚、兩家長久，女家則設宴款待（至少兩桌酒席，視女家財力而定），並邀親戚作陪。到了黃昏，再由新郎弟妹前來接歸，返回時，娘家會回禮一對毛路雞（tshuā-

■ 今日活雞在婚禮中已難得見到，僅少數很傳統的人家還會採用真雞。（林志安提供）

■ 舅子探房後，還要給「舅子禮」以作答謝。

lōo-ke/tshuā-lōo-kue，帶路雞、引路雞），通常為一公一母，用一條9尺長的紅色帶子，兩端分別綁住雞的雙腳，意喻「𤆬路雞新娘好起家」，也希望這對雞能常帶新人回娘家做客，雞也要留下來飼養繁衍，希望「年頭飼雞栽，年尾作月內」，祝福新人將像雞一樣繁衍子孫、人丁旺盛。𤆬路雞帶至婆家後，將其放在新娘房的床下，於新婚第二天早上再將雞放出，看是公雞或母雞先跑出來，以預測新娘頭胎是生男或生女。另有連根帶葉的甘蔗2株，除祝福新人甜甜蜜蜜外，根留下來栽種，則象徵子孫繁榮，[65]以及米糕、桃餅、果子等，同時也將剪刀、針線、鞋筐、竹凳等因與親迎當日會沖剋而不便携帶的閨房用具

65　參考卓克華，《臺灣舊慣生活與飲食文化》（臺北：蘭臺，2008），頁131。

臺南嫁娶禮俗

■ 米香丸沾滿米粒，據說有象徵多子繁衍之意。

帶回男家，稱為「捧鞋筐」。婚後1個月，娘家也要常準備補品或糕餅、點心等，提到男家給新人，稱為「捾（kuānn）點心」。

此外，早期南部女兒在出嫁後的第一年夏季，還有回娘家「歇熱」（hioh-juah/hioh-luah）之俗，舊時女子婚後第一個三伏天（夏天），女家都要邀請女兒回娘家休息幾天，稱為「歇夏」，此乃源自封建時代，婦女操持家務，由「親操井臼」，可知當時婦女要經常持木杵舂米，非常艱辛。因此，趁新嫁後第一個盛暑，邀女兒回娘家歇夏，是對女兒的一種慰勞與體諒。[66]而臺南市區以外、較偏遠的鄉下如喜樹等地區，早昔也有此俗，據老一輩說法因舊時農業社會務農勞動多，為體恤新婦出嫁第一

66　姚漢秋，《臺灣婚俗古今談》，頁49-50。

年的辛苦，會在夏天時讓新婦單獨回娘家住一段日子，同時也兼回去照顧娘家，而新婦在要返回夫家時，娘家長輩也會為其準備米香丸作為伴手禮，以祈求早生貴子。

第 四 章

新舊交融：
日治時期嫁娶禮俗

　　臺灣雖於荷治時期即與歐洲文化接觸，但也隨荷蘭人離開而停頓，直到清末開港，才因通商、傳教和洋務運動，再度接觸西方現代文明。清光緒11年（1885）臺灣建省，首任巡撫劉銘傳建造鐵路、架設電燈、電報和設立現代化郵政局與西式學堂、丈田清賦，6年內使臺灣官府稅收增加3倍，以「一隅之設施，為全國之範」，看似已走向近代化。然傳教只影響教徒，新政又侷限於北部，整體社會並未接受外來文化，部分人民甚至排斥之，此情況於日本統治時，[1]方有所轉變。

　　日本自明治維新以降，崇尚西化，積極吸收西方文明，「洗舊習，求知識於寰宇」，本身風俗

1　甲午戰爭後清國與日本於光緒21年（1895）4月17日，由李鴻章與伊藤博文於日本春帆樓簽訂「馬關條約」，5月8日兩國皇帝批准互換。條約中第二款明文規定中國割讓臺灣全島及所有附屬島嶼、澎湖列島給日本。

已起變化，並在長達半世紀的殖民期間傳入臺灣。總督府於臺灣推展都市計畫、改善公共衛生，進行各項試驗，也設置現代學校和教化團體，藉此培養忠心守法的國民。另一方面，臺灣人武裝抗日多次失敗後，新知識份子透過書籍和學會組織，接觸、吸收、分享西方文化與新知，努力想改變文化落後的危機，而受到啟蒙的臺灣人也開始到日本留學、觀光……不論願意與否，臺灣進一步面對了種種現代化的衝擊。

影響所及，臺式婚俗在器物、服裝、儀式慢慢出現變化，從外顯物質到內化觀念，一一革新。但改革並非照單全收，而是摻揉拼湊各方婚俗文化特質，截長補短，也因此新式臺灣婚禮成為一種多元文化的綜合體。

▌第一節　改變的先聲

清同治4年（1865），英國及加拿大長老教會傳教士陸續進入臺灣，為訓練女傳道師先後創辦兩所女子學校，首開女子教育之先，以禁止纏足為入學的先決條件，但仍未能撼動根深柢固之纏足風俗。

至日治初期，殖民伊始，為穩固統治，臺灣總督府儘管視纏足此一臺灣民間擇偶要件為「陋習」、「特種殘障」、「人為殘障」，亦未強制改變，僅從明治29年（1896）起安排臺灣士紳至日本參觀，希望改變傳統評斷女性的標準。到明治33年（1900），臺灣民間始出現自發性推展「解纏足運動」，黃玉階醫生等人籌組臺北天然足會，之後並於章程規定，會員之女必

須解纏足，會員之子則應拒絕與纏足女子結婚，使新觀念逐步擴散至其他地區。

此外，除了不強迫女子解纏足，日本民事規定也准予臺人婚姻可依舊慣行事，[2]並不需採取日本本土的登記制，只要雙方尊長主婚，婚禮儀式完成，婚姻關係即受法律認可。第四任臺灣總督兒玉源太郎所任用的民政長官—後藤新平，為求治臺順利，還特別設立社會科學調查機關「臨時臺灣舊慣調查會」，並清查地籍和戶籍。臺灣的風土民情、禮儀習俗也因此有一番整理紀錄，為日本經營施政提供最詳實的參考。

明治31年（1898）臺中牛罵廳辨務署參事蔡蓮舫之妹蔡佩錕嫁予霧峰林文欽之姪林烈堂，即仍維持臺式婚俗，迎娶隊伍並有警官護送，[3]便顯示了當時一般傳統婚儀未受壓迫。這讓上流階層在眼見政治局勢與生活平穩後，婚禮排場愈發浮誇鋪張，士紳富商不僅宴客數日，聘請戲團演戲，有的還出動4、500人迎親、[4]或改裝火車載客車廂放置新娘花轎，[5]於是輿論出現反對聲浪，認為臺式婚俗程序繁複耗時，選婚娶婦貪計重聘厚奩，醜風胡長、[6]幾如賣豬買牛。[7]而家貧者往往透過典當、借

---

2 臺灣住民民事訴訟令，漢人民事沿用舊慣，無習慣或不能依習慣才依照法律。直到明治38年（1905）總督府頒布戶口規則，要求結婚10日內，完成戶口登記，才改由政府認定婚姻效力成立與否。

3 李毓嵐，〈1920年代臺中士紳蔡蓮舫的家庭生活〉，《臺灣史研究》第20卷第4期，2013年12月，頁60。中研院臺史所。

4 大稻埕陳直卿之弟迎娶。〈宴爾新婚〉，《臺灣日日新報》，1901年1月29日版4。

5 如辜顯榮娶媳時的做法。（參考自〈花嫁の臨時列車（未曾有の婚禮）〉，《臺灣日日新報》，1902年1月19日版7。）

6 沈子成，〈臺灣習俗美醜十則〉，《漢文臺灣日日新報》，1905年7月1日版5。

7 張玉甫，〈臺灣習俗美醜十則〉，《漢文臺灣日日新報》，1905年7月2日版4。

貸、賣田才能辦婚事，有的根本無力娶妻。

除了婚姻論財遭受批評，傳統婚俗之弊端與落後，如迷信卜日、婚姻全靠媒妁傳話，也被抨擊。明治38年（1905）時，已有臺灣人在《臺灣日日新報》發表言論，高呼改革婚俗，以「文明」為目標。

以明治40年（1907）8月11日《漢文臺灣日日新報》第2782號南樵所著〈臺灣婚姻談〉為例：

「婚姻之事大矣哉。易首乾坤。詩先周召。所以重人倫之婚也。而必聯之以恩。合之以義。持之以禮。三者既備。然後可以言娶妻。是婚姻之禮。固非可草草以了事也。按周禮有媒氏。以司婚姻之事。古制則於男女定婚後。立婚書於公司。其不報者。即私約也。今雖不行其法。而清律所載。與本島慣習。必以媒妁為主。無父母之言。媒妁之命。即為私約。然媒妁不過為傳言之人。其取舍則聽兩家之父兄。做父兄者。總要取門第相當。貧富不踰。年齒相對。查明家風。並詳男女身體。以及兩姓和合。然後定議。故戶律。凡男女定婚之初。若有殘疾老幼。庶出。過房。乞養者。務要兩家明白通知。各從所願。不願即止。願者同媒妁。寫立婚書。依禮而行。訂盟納采。納吉納幣。卜日親迎。合巹是也。禮娶妻不取同姓。男子冠笄曰成人。三十曰壯有室。女子許嫁笄而字。娶婦三日廟見。祝告祖先。謂其成夫婦也。夫婚姻為一生之始。王化之原也。詩傳曰。男女以正。婚姻以時。故讀周南之詩。而知文王治國之道焉。我臺灣婚嫁多重儀式。而不求實事。繁文縟禮。競尚奢華。

中人以上。不論婚嫁。動費數千金。或為吉日之期已屆。無力了事。四處貸借。或變賣田業。以充婚姻之費。而酬神謝愿。擇吉消災。不求實益。只重虛文。甚有僭竊越禮。貽笑方家。吾願島人改除惡習。參酌文明。而革故鼎新焉。

　　夫臺灣積弊有三百餘年之久。至今日有守舊者。有維新者。而究其能準情酌理者。實無一人。是以為人父母者。凡婚姻時不使男女自主。固執必待父母之命。媒妁之言。厥後常有曠夫怨耦之憾。或專信媒妁之言男女未嘗見面。三寸之舌。信以為真。迨至合巹之后。男子一見。曰嫫母莫若也。比之夏姬不如矣。如此人生常有挾怨。今日之正式結婚。明日有離緣之思想。似此則夫婦之道。實大有缺點焉。吾且為之揭其弊。而痛陳於下。」文中便提出百日內居喪嫁娶悖禮蔑倫、娶神主貪圖粧奩等弊病。[8]

　　除媒體輿論批評之外，明治45年（1912）臺南斷髮會和大正3年（1914）臺中風俗改良會，都曾討論改良婚喪禮等，但囿於婚儀長期約定俗成，當時社會風氣仍屬保守，男女也缺乏自由往來的社交場合，啟蒙者儘管反對傳統婚俗鋪張、浪費、迷信，也僅是紙上談兵。因此，日治初期雖有改革婚俗的先聲，並無太大突破。臺灣婚禮籌辦與禮服裝束，仍舊維持傳統漢人儀式。只在少數熱鬧城鎮裡，部分新人受西式教育，開風氣之先，採用新式交通工具如自動車取代了傳統花轎。或以西洋樂

8　〈臺灣婚姻談（一）〉，《漢文臺灣日日新報》，1907年8月11日版3第2782號。

器取代八音、或以斷髮洋服的隊伍迎親，也有人不計較聘金或以相片議親而非庚帖等，以文明為目標，自發性改變婚俗，受媒體歌頌。

概略來說，1910～1920年代，是臺灣婚禮過渡時期，中西式婚服皆有人採用。臺灣基督教長老教會最早的傳教士高長之四男高再祝醫生，明治43年（1910）與臺灣初代西醫許翰民醫生之長女許美即以西服配臺灣衫。[9]明治45年（1912）臺中清水蔡家與板橋林家望族聯姻，則採行盛大中國傳統婚禮，[10]以鳳冠霞帔和長袍馬褂等九品官服為婚服，也有平民百姓以大紅襟衫和蓋頭代替，或著和服採神前婚、佛前婚。

總之，這期間的臺灣婚禮，新郎有的斷髮、有的留辮；有的頭戴西式禮帽、身穿袍掛，有的改穿全套西服。新娘有的仍著傳統盛裝；有的頭戴鳳冠、身穿衫裙或旗袍；有的頭戴白紗、身穿衫裙或旗袍等，顏色也以粉色、白色取代傳統大紅。迎娶

9　中研院臺灣史研究所，喜氣與聖潔─從圖像資料看臺灣婚禮服飾的演變，中央院數位典藏資源網。http://digiarch.sinica.edu.tw/content/subject/resource_content.jsp?oid=16777619&queryType=qs&queryString=%E9%9C%A7%E5%B3%B0%E6%9E%97%E5%AE%B6

10　臺灣女性檔案百年特展，1912年4月27日，臺中廳參事蔡蓮舫之女蔡嬌霞出嫁板橋林祖壽，男女雙方皆財力雄厚，蔡蓮舫縱橫政商，曾獲頒六等勳，並與林獻堂籌設臺灣公立臺中中學（今臺中一中）。林祖壽是臺灣首屆一指的富豪，出身板橋林家，為臺灣五大家族之一。此次聯姻盛況與女方嫁妝之豐於《臺灣日日新報》翌日報導可見一斑：「……為撮和臺中廳參事蔡蓮舫氏之女，先一日舁妝奩行列市中，計百五十〔檯〕，古昔王姬之百兩不足道也。婚娶昨日，驪唱甚盛，無論臺灣僻地，即大陸之對岸，近今亦必不能多觀此威儀。聞枋橋街全人口八百有戶，為之懸燈結彩，築造綠門，藉伸祝意。而南部之支那劇得勝班亦來演，訂半月之，枋橋全支廳下人氣為之沸騰云。」圖像來源：蔡蓮舫文書，中研院臺史所檔案館數位典藏。http://digiarch.sinica.edu.tw/content/subject/resource_content.jsp?id=6084

使用的交通工具，有花轎、有馬車、有腳踏車，也有人力車與汽車。因為缺乏一致標準與固定形式，被報紙形容「婚禮紛紛莫衷一是」。[11]

■ 1930年代臺南愛育堂顏氏家族結婚紀念照。（顏明賢提供）[12]

■ 第二節　宗教結婚式

荷治時期臺灣雖已有基督教婚禮，但以平埔族信徒為主。

---

11 〈婚禮不一〉，《臺灣日日新報》，1912年1月3日版5。
12 愛育堂創辦人顏振聲是臺灣第二代基督徒，為19世紀末最早接受教會醫院訓練，也是最早自行開業的臺灣籍醫生之一。曾任臺南市太平境教會長老、新樓醫院院長，培養子女姪甥等十餘人赴美、日留學，家族人才輩出。

清末基督教再度傳入，始有漢人於教堂結婚。到了日治時期，又融入帶有日本殖民色彩的神前式以及佛前式，臺灣婚禮形式愈發多元。

一、聖潔的教堂婚禮

清領後期，天主教和基督教隨開港進入臺灣傳教。前者主要為道明會自臺灣南部拓展，後者則以加拿大長老教會、英國長老教會分別於臺灣北部、南部活動。儘管傳教士極為努力，然因宗教觀念不同，對當時的漢人影響尚屬有限。

清同治13年（1874）加拿大籍馬偕牧師，在其設立的五股教會為25歲的陳姓新郎、17歲的鄭姓新娘證婚，據稱是臺灣第一場漢人的基督教式婚禮。他勉勵新人了解婚姻的神聖意義，兩人宣示不離不棄、生死與共，並在上帝面前定下盟約。雖然迎娶仍是由挑夫扛著花轎與嫁妝，沿路放鞭炮，但這種在「神」前舉行的宗教婚禮與「人」前舉行的傳統婚禮迥然不同，實前所未見，也引起不少流言，像是傳聞「新娘要當牧師的太太一個禮拜，或者是牧師要先與新娘接吻，就連牧師要挖掉新娘眼睛的說法都有」。[13]

基督教於清領臺灣奠定基礎後，在日本統治期間傳教工作逐漸穩定，勢力擴大，帶領臺灣人認識上帝之外，也傳播西方

---

13 〈文明結婚—日治時期的西式婚禮〉，國立臺灣歷史博物館臺灣女人網站https://women.nmth.gov.tw/information_47_39678.html

■ 1930年代臺南愛育堂顏氏家族於太平境教會舉辦結婚儀式之紀念照片。(顏明賢提供)

文化，影響更為深遠。例如臺南太平境馬雅各紀念教會[14]在府城引進西式教育及醫療系統，發展出全臺第一份使用白話字印刷的報紙，也設立全臺第一所西式大學—神學院、西式中學—長榮中學，第一間西式醫院—新樓醫院等，於引介西方婚禮及婚俗改革亦有推波助瀾之效。而太平境教會也是臺南在地基督

14 設立於1865年，是全臺灣最早的教會，最初由英國長老教會第一任宣教師馬雅各醫生（Dr. James L. Maxwell, M.D.）在府城西門外的看西街租屋（原仁愛街43號），前方做拜堂，後面設醫館，與助手開始傳道與醫療。因當時民風保守，不多時即因迫害及發展四處遷徙，直至1902年太平境教會新禮拜堂於現址起造完成，清領時期測候所與禮拜堂中間的小路稱為太平境街（今日的公園路），因而得名。日治時期，太平境教會所在地為德慶溪、枋溪流域經過之地，舊名「溝仔底」，又稱「溝仔底教會」。

徒舉行教堂婚禮的重要場所。

宗教結婚因教派不同各有其規定，如基督徒在教堂由牧師舉行結婚感恩禮拜，天主教徒則於天主堂由神父進行婚配彌撒，且事後不允許離婚。但許多項目十分類似，例如兩者皆要求所屬教會認可、並由神的代理人見證及主持儀式，相較於同時期之東方傳統婚禮，更為簡便。因此日本於明治維新時接觸西方基督教婚禮後，即吸收轉化其部分特質融入傳統婚俗，創造出「神前式」與「佛前式」，並在殖民臺灣後推行之，作為同化手段。加上1920年代臺灣知識份子崇尚西方自由戀愛精神，也亟欲藉基督教婚禮改革傳統婚俗，其所倡導的「文明結婚」或「新式結婚」，逐漸成為今日臺灣現代婚禮主要形式。

不過，宗教婚禮涉及信仰觀念，基督徒不拿香、不拜祖先，不認同臺灣傳統嫁娶禮俗，與非教徒家庭之婚事也可能引發波折摩擦。如昭和5年（1930），曾任太平境教會牧師的高金聲，對於其子高天成與霧峰林獻堂千金林關關結婚，即要求依教會慣例先報告會眾才能舉行訂婚式，導致訂婚的延遲，並也反對高天成向林家祖先行禮。[15]

儘管大多數教堂或天主堂只受理教徒婚禮，但現在受到西方文化、電影、戲劇影響，許多新娘嚮往穿上白紗，在親友們的祝福中，和牧師或神父的引導下，挽著父親走向紅毯那端的新郎，在上帝面前許下誓言、交換戒指，[16]教堂婚禮成為時下最受憧憬的浪漫婚禮形式，非教徒也常選擇在設有教堂的婚宴場

15　李毓嵐，〈日治時期霧峰林家的婚姻圈〉，《臺灣文獻》，62：4，2011/12，頁32。
16　代表圓滿與永恆，象徵婚誓至死不渝。

臺南家娶禮俗

地進行儀式。

教堂結婚流程：

1. 牧師/神父入場
2. 開場致詞
3. 伴娘伴郎花童入場
4. 新郎入場
5. 新娘入場
6. 觀禮者齊唱讚美歌
7. 牧師/神父朗讀聖經內文並獻上禱告
8. 新人互許誓言
9. 交換婚戒
10. 牧師/神父正式宣布新人結婚
11. 新郎新娘簽署結婚證書
12. 牧師/神父向觀禮者宣布婚禮成立並進行閉幕致詞
13. 退場

二、莊嚴的神前婚禮

神前式是依日本神道教在神社舉行的日本傳統和式婚禮儀式，新娘穿著象徵純潔的和式大禮服「白無垢」[17]或最高規格的

---

17 白無垢（しろむく，Shiromuku），表裏完全純白色的和服。是室町時代（1336年－1573年）上級武士家庭的結婚禮服（故新娘配飾有懷劍）。明治以後神前結婚式，女方也穿這種和服做為新娘服。白色是太陽的顏色，也是神聖的顏色，象徵清淨純潔無瑕，也意謂新娘如白紙般，成為夫家的新成員後，將學習夫家的一切習慣，融入夫家。新娘面施雪白脂粉，頭髮也需挽起，用龜殼梳子束緊。

華麗和服「色打掛」[18]，戴上稱為「角隱」或是「綿帽子」的頭飾。[19]新郎則著正式禮服「紋付羽織袴」，[20]在神職人員以及巫女的引導之下，向神明報告喜事，並請求神明保佑永遠幸福。

據傳日本平安時代採走婚，從妻居。直到室町時代（1336～1573）開始，婚禮的重心轉移到了男方，並需在家中連續進行3天，到江戶後期才漸簡化。日本傳統婚禮在自宅宴客，民俗、禮節和儀式也都由家中長輩或媒人負責。

不過，日本政府於明治維新後，將原僅是民間傳統宗教的神道信仰與相關祭祀制度一一整備頒布，「致使神道逐漸往國家化的路途邁進」，連同皇室的結婚式也被制度化，制定皇室婚嫁令，「婚禮舉行受一定的規範，而首次的神前結婚式也於此時被創造出來，並成為神前結婚式之原型」。[21]

明治33年（1900），當時的皇太子（之後的大正天皇）與九条節子（之後的貞明皇后）於祀奉天照大神（太陽神）的東京大神宮舉行婚禮，在神的見證下結合。[22]儀式採用明治32年

---

18 因色彩鮮艷，圖案吉祥富有喜氣而受到歡迎。也有人選擇結婚儀式穿上白無垢，宴席再換上色彩鮮豔的色打掛。

19 日本傳說中，女性長髮具有靈性，當吃醋忌妒由心衍生就會長角變成「鬼」（妖怪），因此需要配戴「角隱」。新娘需戴上名為角隱的帽子わたぼうし以遮住髮髻，有不讓丈夫以外的人看到臉的意思。也暗示婚後應蓋住稜角，收斂脾氣，成為賢妻良母。一如臺灣傳統婚俗擲扇，放性地。

20 新郎著黑色絲綢和服，下穿斑紋褶裙，手持白色折扇，腳穿白色便鞋。「羽織」是一種長版的紋路式披衣，繡有家紋。

21 張維正，〈接觸、殖民與文化容受：日治時期臺灣漢人婚禮的變遷〉，國立臺灣師範大學臺灣史研究所碩士論文（2012.6），頁36。蔡錦堂，〈日治時期日本神道在臺灣的傳播與侷限〉，淡江史學第12期（2001.12），頁142～144。

22 東京大神宮網頁，http://www.tokyodaijingu.or.jp/kekkon/index.html。

（1899）年華族[23]女學校校長細川潤次郎擬訂之《新撰婚礼式》，之後因儀式簡單花費少、在神前舉行的莊嚴感而廣為流傳，成為現今日本人慣用的婚禮模式。在日本，神前婚只邀請親屬參與，之後的披露宴才邀請朋友、同事或上司慶祝。

「原本日本的結婚儀式與宗教無任何關係。明治34年（1901）政府吸收了基督教神前結婚儀式並參考《古事記》制定了神前結婚儀式。神前結婚儀式透過在神宮奉齋會的東京大神宮（通稱為日比谷大神宮）首次舉行之皇太子（日後的大正天皇）的婚禮為典範，以簡約的方式普及於民間。這個明治時期才創造出來的結婚形式，廣受民眾的歡迎，成為民眾結婚的必行的結婚儀式，甚至被認為是有悠久歷史的傳統結婚形式。而神前結婚儀式的推廣，使得人民與神社的互動變得頻繁，連結並強化皇室、神社與人民之間的關係」。[24]

神前結婚需先向神社申請，儀式流程如下：

1.參進（さんしん）の儀：

參進儀式，在傳統樂音中由神職人員與巫女引導，為新郎

---

23 日本於明治維新初年廢止傳統公卿以及藩主階級，統合兩者成為新的特權貴族階級，稱為「華族」。「華族制度」於二戰戰敗後，1947年5月3日日本國憲法生效當日被廢止。
24 徐正武，《日治時期臺南神社之研究》，國立臺南大學臺灣文化研究所碩士論文，2005/6，頁86。

新娘撐起一把紅色紙傘，雙方家族並列，步行進入神社本殿，氣氛莊嚴隆重。

入場後，新郎與新娘坐在最靠近神明的位置，新郎親戚坐在面向神明的右側，新娘的親戚則坐在左側，依照血緣關係親近度，依序由最靠近神明的地方開始入座。

2.修祓（しゅばつ）：

神道教相信，人們總在不知不覺中犯下罪惡，要藉修祓之禮（除穢儀式），洗淨身心靈。由神職人員一邊詠頌御祓詞、一邊祓除新郎新娘及參加者身上的災禍。

3.祝詞奏上（のりとそうじょう）：

奏祝詞，由齋主（負責主持婚儀的神職人員）持事先寫好的祝詞，向神靈報告新郎新娘的婚事，以及祈求神靈賜福給新郎新娘。

4.三献（さんこん）の儀：

三獻之禮，指由巫女以大、中、小三種不同的酒杯斟酒，象徵天、地、人，在神靈前一獻、二獻、三獻，新郎新娘輪流以三種酒杯各喝三巡，一共九次，稱為「三三九度杯」，為神道教結婚的交杯酒儀式，代表夫婦關係長長久久，白頭偕老。由神女獻上的神酒必須喝淨，否則不吉。

5.誓詞奏上（せいしそうじょう）：

新郎新娘面對神靈立下結婚誓言的儀式。向神明一鞠躬之後，新郎朗誦誓詞，最後念出自己的姓名，新娘接在新郎後面念出自己的名字。

6.乙女舞（おとめのまい）：

盛妝巫女伴隨樂聲起舞，代表神靈賜福給新郎新娘及在座雙方親友。

7.玉串拝礼（たまぐしはいれい）：

在神明之前供奉玉串，[25]用以鞏固人和神明之間的聯繫。先讓玉串依順時鐘方向旋轉半圈，讓玉串的根部向著神明，接著鞠躬兩次、拍手兩次、最後一鞠躬。

8.指輪交換：

交換戒指，仿西式婚禮，昭和30年（1955）之後增添此一儀式，將戒指互相戴入對方左手的無名指，作為婚姻的信物，顯示神前式也與時俱進。

9.親族盃（しんぞくはい）の儀：

新郎新娘及雙方父母、親友都用酒杯飲用神酒，代表著兩個家庭從此結為親家。跟「三三九度」一樣，要分成三口飲用。

10.退場之後，拍攝紀念照及舉行披露宴：

酒宴上有切蛋糕、開香檳等活動，同現代的婚禮慶典。

日本統治臺灣後，其國家神道系統神社與信仰也進入臺灣。然而臺灣已有固有傳統之結婚儀式，加上民間缺乏神道信仰基礎，神官不足、神社分佈不均，因此1920年代以前神前式並不普及，僅被視為替代傳統婚禮的選擇之一。採取此婚禮者多半是受過日本教育，或與日本人關係良好，或認同神前式

---

25 在紅淡比樹細枝綁上棉製「紙垂」。紅淡比樹，楊桐，肖柃屬常綠喬木。日本稱之為榊，在日本神道中被視為神聖的植物，也是神社中的常見樹種。

為文明的新式結婚。如昭和17年（1942）羅東街長之女陳愛珠即在羅東神社完成日本式婚禮。與日本人往來的臺灣菁英也有婚禮穿著和服與晨禮服的組合。[26]

昭和6年（1931）九一八事變後，日本開始以「一街庄一（神）社」為政策，希望將神社作為社區中心，藉此教化臺灣人民，提倡敬神思想，強化殖民統治。統治期間官設或私設神社（含遙拜所、神祠、校內社等），總數超過200～400座。[27]臺南州（雲嘉南地區）約有80處神社，明治30年（1897）開山神社即為臺灣首座神社，現為延平郡王祠。鼓吹神前結婚是促進民眾與神社關係的方式之一。

尤其昭和12年（1937）中日戰爭開打後，日本愈發強力推展同化政策及皇民化運動，希臺灣人對殖民政府表示忠誠，於是採神前結婚式也漸多。據統計，昭和16年（1941）舉行神前結婚的臺灣漢人達549對，雖然與日人1556對尚有一段差距，也僅佔全年度臺人結婚人數43000對之極少數，[28]但已較之前大幅成長，[29]直到戰爭期間仍有人採行。如郭丁嬌娥約昭和19年（1944）在臺南神社[30]前舉行神前式婚禮。

26　洪郁如著，吳佩珍、吳亦昕譯，《近代臺灣女性史：日治時期新女性的誕生》（臺北市：臺大出版中心，2017/06），頁255。

27　臺灣回憶探險團稱400座。http://www.twmemory.org/?p=5879。依維基百科約200座。https://zh.wikipedia.org/wiki/臺灣神社列表。

28　張維正，〈接觸、殖民與文化容受：日治時期臺灣漢人婚禮的變遷〉，頁150。

29　1917～1934年臺灣神社誌臺人採神前結婚累計僅93對。張維正，〈接觸、殖民與文化容受：日治時期臺灣漢人婚禮的變遷〉，頁102。

30　建於大正12年（1923），主祀北白川宮能久親王，範圍包含現今的臺南市立美術館（內苑，前臺南市立體育館、公11停車場），以及忠義國小（外苑）。二戰後廢社，改做忠烈祠，於民國58年（1969）拆除。

臺南家娶禮俗

「結婚的情形喔，也是一樣坐車，去租禮服，穿禮服，那個時候是到神社，以前的神社就是現在的忠義國小。當時的神社一直到永福路那一帶都是神社外緣啦，在那一帶結婚的。」[31]

　　不過，從現存照片中看來臺灣人當時多穿著西式白紗禮服舉行神前式，而非日本傳統白無垢。

■ 約昭和15年（1940）竹南神社前結婚紀念照片，Isa Kang 提供，引自臺灣回憶探險團網頁。[32]

三、感恩的佛前婚禮

　　日本在明治初期模仿基督教婚禮創設神前結婚式，中期後也創設佛前結婚式，即在佛祖面前由寺廟住持福證並宣誓。兩者皆是明治時期依附於日本傳統婚禮誕生的新興宗教結婚式，但日人慣用佛教葬禮，婚禮相對少見，僅淨土真宗教派僧侶結

31　劉維瑛主編，《臺灣好說：臺灣女人影像紀錄》（臺南市：臺灣史博館，2016.12），頁139。

32　http://www.twmemory.org/?p=5879

婚或虔誠信徒採行。中國最初則由太虛法師[33]在上海所倡導，作為人生佛教的實踐方法之一。[34]

　　而佛前式婚禮也在日治時期傳入臺灣，明治42年（1909）《漢文臺灣日日新報》即有臺灣製糖會社技師近藤氏與其妻對佛行結婚禮報導。[35]惟可能因臺灣信徒不多，採佛前式婚禮之人數遠較神前式及基督教結婚式稀少。為加強宣傳，而於昭和2年（1927）12月在臺北臨濟寺，由屏東陳家及臺南黃家兩地望族聯姻為模範，舉行一盛大佛前婚禮，被稱為本島未見之莊嚴。[36]

　　「佛前結婚，元無是舉。至於近代，鑒及社會要求，始盛於內地。殊中華近年，亦由太虛法師首唱，諒亦漸行其間。而本島自五六年前，既見是舉。按編者所識者，則先於臺南某齋堂，由臨濟宗東海宜誠師司婚者為嚆矢，次於曹洞宗臺北別院，由水上興基師司婚者一，繼於臨濟宗臺北臨濟寺，由天田策堂師司婚者一。再一於曹洞宗臺中佛教會館，由林德林師司婚者是也。上記皆以本島人方面言之，然內地人方面則多矣。最近則去十一月廿日，於臺北臨濟寺，復有佛前華灼典，乃由

33　釋太虛（1890～1947），俗名呂沛林，是印順法師、東初法師、大勇法師、慈航法師的入門師父，被推崇為人間佛教的創辦人。

34　星雲大師文集──僧事百講6－佛教推展 http://www.3fo.org/article/article.jsp?index=6&item=18&bookid=2c907d494c10e2f0014cefb3b8250034&ch=7&se=0&f=1

35　〈對佛結婚〉，《漢文臺灣日日新報》，第3749號，明治42年（1909）12月2日。

36　轉引自王見川，〈略論日僧東海宜誠及其在臺之佛教事業〉，《圓光佛學學報》第三期，桃園：圓光佛學研究所，1999/03，頁375-376。

臺南嫁娶禮俗

該寺住職吉田萬籟師之司婚者，蓋其式之莊嚴，較於前記數氏盛矣，實本島未見者也。

聞係屏東郡里港信用組合專務陳螟蛉氏哲嗣天道君（現肄業於內地法政大學）與臺南市黃宗岳氏長女美玉孃（內地高等女校畢業後曾入帝國音樂學校肄業）之婚式，誠為我教界同慶也。聞翁岳兩家均為臨濟宗南部之信徒總代，以本島佛前結婚，尚若晨星，故為模範及宣傳計，遂賴東海、吉田二師，出為籌備。且天道君之令祖母莊太夫人，乃由領臺當時匪徒征伐之功，受表章數次之女丈夫。緣之是日，有三浦臺北州知事、宇野地方法院長、若槻視學官、中山圖書館長、木村、林佛國、陳千萬、文教局社會課松崎、陳全永、田中氏等、竝佛教關係者、江善慧、盧覺淨、其他七十餘名臨席。式後攝影紀念，旋於蓬萊閣開盛大披露會，至午後七時半始散云。

是日式次如左：

1. 午後二時法鼓為號，來賓一同著席。

2. 司婚師、新郎、新婦、媒妁者、郎、婦、各兩親順次著位。

3. 讚佛歌（司婚師、獻香三拜）。

4. 敬白文捧讀。

5. 告文（朗讀了而念珠授與）。

6. 媒妁辭（陳全永代讀）。

7. 婚歌（登科之禮、新郎新婦獻香）。

8. 媒妁者、郎、婦、各兩親順次獻香。

9. 來賓祝辭（後讀祝電）（三浦臺北州知事、宇野地方法院長等）。

10. 叙禮（郎父陳螟蛉）。

11. 讚佛歌。

12. 順次退場。於本堂前撮影記念

　　今日臺灣在佛光山、法鼓山各地道場的推廣下，簡單隆重的佛前婚禮也愈來愈受到佛教徒的支持。儀式由法師代表佛陀證婚，交換的證物除戒指以外，也可用念珠代表，強調感念父母養育之恩、親友關愛之情，也珍惜因緣。為遵循佛教教義，婚宴也不殺生。

■ 昭和14年（1939）三月郭、洪兩姓於開元寺舉行佛化婚禮，由得圓和尚主持。引自《物華天寶話開元》。

一般佛前婚禮流程如下：

1. 婚禮開始，全體來賓入座。
2. 上供（六供養）。
3. 新郎、新娘恭請證婚法師至大殿。
4. 親屬及來賓全體起立並合掌，佛前唱爐香讚。
5. 唱爐香讚時，證婚法師上香，新郎、新娘隨證婚法師拜佛上香、問訊。
6. 新郎、新娘面對面站立，互行三鞠躬禮。
7. 證婚法師為新人宣讀結婚證書。
8. 證婚法師為新郎、新娘交換禮物－－佛珠。
9. 證婚法師為新人三皈依及祝福。
10. 結婚證書，新郎、新娘簽署用印。
11. 雙方主婚人簽署用印。
12. 證婚法師簽署用印。
13. 新郎、新娘各向證婚法師一鞠躬答謝，並上香敬佛。
14. 證婚法師開示
15. 主婚人致謝詞。
16. 新郎、新娘順序向證婚法師，介紹人，來賓及主婚人一鞠躬謝禮
17. 唱佛化婚禮祝福歌。
18. 禮成，拍照留念。

往昔宗教結婚式為彰顯婚姻之神聖與信仰之虔敬，特別於

教會或神社、寺院舉行。然時至今日，飯店式場也可提供相關儀式，未必到宗教設施舉辦。也有人只穿上傳統和服拍照，單純享受神前結婚式的氣氛。[37]

▌第三節　新式結婚與自由戀愛

如前所述，日治初期雖有改革婚俗的先聲及少數人自發性運用西方器物於婚禮，但並無太大突破，是臺灣婚俗的過渡時期。直到大正4年（1915）風俗改良運動興起、日本透過保甲制度全面推動放足斷髮運動，以及大正10年（1921）臺灣文化協會推行文化啟蒙運動，新知識份子批判傳統婚姻制度及鬼神迷信觀念等，使改革更具力道，臺式婚俗至1920年代之後始有顯著變遷，並進一步倡揚婚姻自主及自由戀愛。

一、新式結婚：文明結婚與新舊折衷婚

清末民初起，中國東南沿海大都會和商埠已開始盛行以西方文化為主體，並調和新舊婚俗的新式結婚。晚清徐珂編撰、民國5年（1916）出版的《清稗類鈔》，記載了當時「文明結婚」

---

37 胡川安，《東京歷史迷走》中指出「日本一開始有業者提供婚禮服務、到飯店宴請賓客是昭和年間的事，約莫在第一次世界大戰與二次大戰之間，其實是很晚近的發展。目黑雅敘園在一九四〇年代所提供的婚禮服務，已經有神道教的祭壇、新娘梳化、攝影室、接待室等，並可以選擇日式、西式和中式料理做為宴客的餐點，整套婚宴程序已經相當完整。」參見〈結婚為什麼要請客、換裝…？探訪現代日式婚禮的發源地「雅敘園」〉Fhttps://theme.udn.com/theme/story/11963/3056694聯合新聞網2018-03-29

的情況：「迎親之禮，晚近不用者多。光、宣之交，盛行文明結婚，倡於都會商埠，內地亦漸行之。禮堂所備證書（有新郎、新婦、證婚人、介紹人、主婚人姓名），由證婚人宣讀，介紹人（即媒妁）、證婚人、男女賓代表皆有頌詞，亦有由主婚人宣讀訓詞，來賓唱文明結婚歌者」。[38]臺灣報紙也有相關報導。

日治時期，舉凡廢棄傳統婚俗，用新做法或借用外來文化取代傳統的新式結婚都被稱為「文明婚禮」。由於婦女思想解放，學者和有識之士宣揚，上層社會也追求自由戀愛與文明婚禮。各種名人結婚消息及其所採取的新式婚禮方式紛紛出現於報刊雜誌，蔚為風潮。如大正4年（1915）1月1日《臺灣日日新報》即記載臺北廖坎與陳阿娟去除舊禮，共乘自動車。

---

38 1928年，南京國民政府禮制服章審訂委員會及大學院院長蔡元培、內政部長薛篤弼，以各地行禮自為風氣，或仍沿前清舊習，或濫用縟節繁文、新舊龐雜、漫無標準為由，希望矯正奢侈，消弭詐偽，破除迷信，提倡質樸，將舊式婚禮與新式婚禮雜糅成現行婚禮草案會呈國民政府，請核定頒布。其內容如下：
（一）訂婚：（1）訂婚年齡：依法律之規定。（2）訂婚信物：雙方交換訂婚帖，各種聘禮一概免除。
（二）通告：結婚一月前，由男女兩家同意，訂定結婚日期，雙方只具名帖，所有禮品一概革除。
（三）結婚：（1）結婚地點：在公共禮堂或在家庭舉行。（2）結婚關係：甲、介紹人；乙、主婚人，雙方父母或保護人為當然主婚人，無父母或保護人者，各就親中推定一人主婚；丙、證婚人，雙方公推本地有聲望者一人為證婚人；丁、儐相，男女儐相各二人，由雙方邀請；戊、司儀，由雙方公推一人為司儀。（3）結婚禮服：結婚時，應著禮服。（4）結婚禮節依次為：司儀人入席；奏樂；來賓入席，各就各位；全體肅立，向黨、國旗及總理遺像行三鞠躬禮；證婚人讀證書；證婚人分別訊問新郎、新婦是否同意。新郎、新婦隨後蓋章或簽字；證婚人、介紹人、主婚人依次蓋章或簽字；新郎、新婦相向立，互行三鞠躬禮，並交換戒指；證婚人、主婚人致詞；來賓致賀詞；新郎、新婦謝證婚人、介紹人以及來賓；奏樂，禮成。

「總的來說，於1910年代開始在時代潮流影響下，文明婚禮（現代婚禮）逐漸出現在臺灣社會，成為婚俗改良成果之代名詞。至於是否被稱為文明結婚則與結婚者之身分，或結婚者所施行的婚禮有關：前者是當時具有文明象徵之放足斷髮者、接受新式教育者、基督教信徒等；後者則是以西方現代文明器物替換傳統器物，如：婚者改穿著洋服、搭乘新式交通工具、迎親隊伍演奏西洋樂器等。此外，也有部分人士開始模仿西方婚後禮特質，捨棄回娘家的儀式，改施行婚後旅行。」[39]

婚後旅行也就是現在所說的蜜月旅行。舊時臺灣夫妻少有機會同進同出，最早新婚旅行紀錄是清末馬偕夫婦，[40]大正2年（1913）也有臺人在婚宴結束後開始新婚旅行。[41]然日治前期因交通和經濟限制，僅少數上流階層實施新婚旅行，地點選擇亦限於臺灣島內，之後才發展到海外如日本或中國。[42]

大正3年（1914）板垣退助來臺，臺灣成立同化會推行風俗改良，各地陸續設有社會教化團體，臺南廳即有婦人會、家

---

39 《臺灣文獻》65卷1期〈邁向「文明」：日治前期臺灣漢人的婚俗變遷（1895－1920）〉，張維正，國立臺灣師範大學臺灣史研究所碩士，頁152。國史館臺灣文獻館2014.03

40 鄭連明等編，《臺灣基督長老教會百年史》（臺北：臺灣基督長老教會，1965年），頁54。

41 〈橫濱新婚行〉，《臺灣日日新報》，1913年5月24日，版3。男方在夏威夷經商，回臺灣結婚後再轉往橫濱新婚旅行。〈邁向「文明」：日治前期臺灣漢人的婚俗變遷（1895－1920）〉，頁151。

42 《臺灣文獻》65卷1期〈邁向「文明」：日治前期臺灣漢人的婚俗變遷（1895－1920）〉，張維正，國立臺灣師範大學臺灣史研究所碩士，頁151。國史館臺灣文獻館2014.03

臺南家娶禮俗

長會、國語普及會，教授禮儀及日語，也有風俗改良會主張矯正陋習，打破迷信，參照當時各國之婚禮文化，再取特質或項目，簡化及改良臺灣婚俗。在這些團體帶動下，臺灣婚俗從外顯的物質替換，進一步於內在精神上更朝文明邁進，並成為整個社會的價值觀。此時的新式結婚，不卜吉日、減少聘金、改著洋服、節省花費，由於傳統中加入新作法，成為臺灣各地風尚，被稱為「新舊折衷婚」或仍被稱為「文明結婚」。

當時文明婚禮的流程包括：

1. 來賓親戚入場
2. 新郎新娘入場
3. 宣布儀式開始
4. 唱歌
5. 主婚人登壇誨告
6. 來賓演說
7. 朗讀祝賀電報
8. 新娘新郎答禮
9. 主婚人代表新人致謝辭
10. 宣布典禮完成
11. 新郎新娘退場
12. 來賓親戚退場

新式結婚與今日的結婚儀式相當接近，也效法基督教婚禮出現了證婚人、交換婚書等項目，場地則跨出自宅，改到公會

堂、學校、紀念館、酒樓等公共場合舉辦，取其公開見證的效果。婚後可不回娘家改為新婚旅行，婚後三日拜祖先的儀式（廟見）也可挪於結婚式裡。種種變化形態雖有不同，但在當時報紙皆稱為文明結婚，藉著媒體宣傳，先行者的突破嘗試成了時尚、進步的象徵，受到眾人注目與崇拜。

【新式結婚與傳統結婚的差別】

	傳統結婚	新式結婚（1895~1945）*	
		文明結婚（1895~1915）	新舊折衷婚（1915~1945）
助力		媒體報導 放足斷髮者 接受新式教育者 基督教信徒	風俗改良團體推動 臺灣文化協會提倡 新知識份子
盛行區域		臺南、臺北	逐漸擴展至全臺
改良重點		以西方現代文明器物替換傳統器物	破除迷信 簡化儀式 減少花費
器物（物質層面）	鳳冠霞帔/長袍馬褂	中西混搭	西裝/白紗/捧花/和服（先上流社會再一般大眾）
	花轎	馬車/腳踏車/人力車/自動車	馬車/人力車/自動車
	八音	洋樂	
儀式（精神層面）	父母之命、媒妁之言		1920年代後追求婚姻自由，出現相親議婚與婚前交往 媒人身分更加廣泛
	婚前禮（問名、訂盟、納采、納幣、請期）		不卜吉日、減少聘金
	正婚禮（親迎、合巹）		效法基督教婚禮有證婚人、交換婚書 拜祖挪於結婚式
	婚後禮（歸寧及廟見）	新婚旅行取代歸寧	
地點（社會層面）	自宅（個人與家族）		寺廟、公會堂、學校、紀念館、料理店、酒樓等公共場合（親友公開見證之法律效果）

註：新式結婚普及度視都市化情況而異。

臺南家娶禮俗

■ 迎娶新娘的交通工具已由傳統花轎轉變為現代化的汽車。

【日治時期婚服演進】

　　現代婚禮女性流行的西式婚服和白紗，原為天主教徒舉行祭典時所穿典禮服，之後演變為結婚服飾。雖然民初即已傳入，但並不普遍，白色仍然被視為喜事禁忌的顏色。

　　1910年4月21日，臺灣基督教長老教會最早的傳教士高長之四男高再祝醫生，與臺灣初代西醫許翰民醫生之長女許美（亦為基督徒）結婚。新郎著福鏤庫禮服（Frock coat）、山高帽（Bowler hat）搭配黑色皮鞋，新娘穿著臺灣衫，顯示此時期西式作風已在臺灣社會中出現。1911年結婚週年紀念照高許美又從臺灣衫改穿改良式禮服，頭戴白紗、手持百合捧花，呈現過渡時期風格。

　　1920年代上層社會逐漸以婚紗取代傳統喜氣的鳳冠霞帔。

如霧峰林烈堂的長子林垂拱，與臺南前清進士陳望曾之女陳瓊珍的結婚照中，林垂拱著傳統長袍，陳瓊珍以短版鳳仙裝搭配曳地白色頭紗、刺繡布質高跟鞋，中西混搭。1927年12月蔣介石、宋美齡在上海舉行基督教婚禮，白色婚紗風靡各大都市，始轉化成為聖潔的象徵。

至1930年代婚服已完全西化。中研院臺史所檔案館收藏的兩張1937年老照片，臺灣第一位鋼琴女教授高慈美與臺北大稻埕富商李春生之曾孫李超然結婚照，以及臺中蔡蓮舫三子蔡伯淙與莊素鶯結婚照，兩位新郎皆著摩令古（Morning coat）、手持高呢帽並搭配黑色皮鞋。而兩位新娘的婚服儘管長短不同，但皆著白色手套、持百合捧花，頭戴曳地白紗。在西方，手套是象徵愛情的信物，臺灣傳統則認為結婚當天新娘戴上手套不做事，日後才會好命。

日治晚期男女皆以全套西式婚服出現，亦有著和服者，但中日戰爭爆發後，因物資缺乏及政府管制，民眾漸以軍裝或一般居衫褲取代，一切從簡。

受1910年後拍照技術傳入臺灣及日人寫真風潮影響，上流社會流行拍照留念，從婚禮服飾的演變，令後世能略窺二十世紀初，臺灣在不同政權與時代風氣下，婚嫁禮俗變與不變，多元文化共存，中西交融的情形。

二、自由戀愛：婚姻自主與相親議婚

　　日治時期總督府將女子教育納入學制系統，加上社會風氣日益開放，公學校女學生就學率提高，家境良好的女性多負笈海外。由於女性擺脫傳統束縛，解放纏足，身體自由；也接受教育，視野開闊，社會地位提高。而高等女學校學生成為所謂的「文明」新女性，對婚姻對象與婚禮儀式更有自己的主張與選擇。

　　瑞典女性運動者愛倫凱（Ellen Key）1903 年出版《戀愛與結婚》（*Love and Marriage*），提出「戀愛與結婚必須建構於各自獨立的人格之上，同時倡導兩性不僅應該擁有『戀愛的自由』，同時也需具有『離婚的自由』」，[43]1913 年 1 月後日本雜誌《青鞜》譯介其作。

　　「戀愛結婚的概念便以日本為發源地，向中國、當時的朝鮮半島以及臺灣等東亞諸地域擴散。進入臺灣的途徑，除了中國之外，主要透過臺灣的在日留學生。由在日留學生所創刊的《臺灣青年》（1920-1922）、《臺灣》（1922-1924）以及《臺灣民報》（1923-1930）不僅刊登了臺灣最早的『戀愛結婚』論述，也是重要的傳播媒介……『戀愛結婚』的魅力讓新世代青年男女不惜採取激烈的抗爭手段，與當時為止父母之命、媒妁之言所代表的舊勢力進行對決。……新舊勢力交鋒下，當女性主動

43　吳佩珍，〈蘭心慧質美韶容：臺灣近代「女學生」/「新女性」的誕生〉，洪郁如著，吳佩珍、吳亦昕譯《近代臺灣女性史：日治時期新女性的誕生》（臺北市：臺大出版中心，2017/06），頁 iv。

爭取『戀愛』自由以及『婚姻』自主時，經常遭受舊勢力從『道德』與『貞操』的觀點進行批判。……」[44]

　　1920年代臺灣接觸到戀愛結婚的新觀念，年輕世代開始關注婚姻制度，「父母之命、媒妁之言」遠比不上對「維新世界、自由戀愛」的嚮往。他們期待透過交往，相互了解後，再選擇適合自己的對象，不僅要求婚姻自主，也把婚姻改革視為社會改革的中心課題。此時臺灣新女性尤其追求實現自我、尋找真愛。但舊世代則認為當時臺灣社會不允許男女接觸，且青年尚無判斷能力，批判自由戀愛為男女私通，遠不如經過父母身家調查的婚姻對象，也因此遭父母反對結婚的戀人私奔或反抗童養媳婚而離家出走者迅速增加，成為1920年代中期流行的社會現象。

　　由於現實生活中，戀愛結婚困難重重，於是出現折衷性質的「婚前交往」。此時臺灣仿效日本「相親議婚」[45]的方式，以結婚為前提，與婚配對象培養感情後再結婚。但因社會風氣保守，加以缺乏男女社交場合，「對看」僅是確認對方長相，甚至假藉到廟宇上香「偷看」，或是僅僅約在公園見了幾次面，便迅速完婚。男方握有主導權，女方仍屬被動。不過，相較於

44　吳佩珍，《近代臺灣女性史》，頁 v

45　「相親」日文稱為「見合」，是經媒人或親友介紹，父母親用照片挑出適合婚配的對象，在特定場所讓男女當事人見面，如合意可進一步交往的方法。臺灣則大多是經介紹後，男方藉適當時機到女方可能出現的場所偷看，如合意再委託媒人議婚，兩人再交往。

一切依從父母指示的傳統婚姻模式，自主權力已更進一步。新知識份子間傳頌「共諾結婚」，即便是父母撮合的訂婚對象，也要歷經婚前交往、相互瞭解的過程，而且尊重本人的意志，讓婚姻建立在真愛的基礎上。此時的新世代對結婚儀式也力求時尚打破舊習，理想中的婚禮是不收聘金，新郎穿著摩令古，新娘披著白紗的新式結婚。

日治後期（1926～1945），嫁娶禮俗逐漸適應潮流，出現「新舊混用」的新中間路線。如在出嫁行列中，常有花車、扛盛、挑擔、八音隊等同時出現，其他儀節則漸趨簡單化。納幣已和納采一同進行，以完聘儀式來說，已逐漸歸併於送日子一次完成，或改於迎娶時完全給付以減輕雙方負擔。講求門當戶對的世家望族也將男女雙方學歷列入考量，不再認為女子無才便是德。男女平權後不收聘的觀念逐漸為臺灣人接受，種種轉變顯示婚俗因時制宜，與時俱進的特性。

【聘金改革】

聘金是中國傳統婚俗之一，一般認為娶媳必須支付女方財貨，補償其所失去的勞動力與生產力，以及從小養育女兒的花費。聘金也是婚姻成立的要件，如不依古禮，明媒正娶及完聘，女方也會遭譏「奔則為妾」。因此民間把嫁女兒收聘視為天經地義。1860 年代駐臺灣的英國副領事郇和曾批評「結婚時，他們會慎重考慮對方的嫁妝、聘金，這是一個很壞的風俗，流傳至

今」。[46]

　　清領初期，男性移民多半隻身來臺開墾，男多女少，「娶一個妻，較贏三個天公祖」，也出現了嫁娶論財的社會現象，需付出龐大聘金與嫁妝。女方只問聘金多寡，不管男方人品如何。聘金也讓女性在婚嫁過程中失去人格與自主權，常有女方因為還不出聘金，只能讓女兒被夫家轉賣。

　　依日治時期舊慣調查結果，上等家庭聘金約400至800元，中等家庭約200至400元，下等家庭約100至200元不等。臺灣第一位醫學博士杜聰明，為迎娶霧峰林雙隨，女方開出聘金5,000元。大正12年（1923）11月16日的《臺灣日日新報》報導〈聘金六千圓的花嫁〉更是創下聘金最高紀錄，不過隔日新郎吳鴻森即澄清僅係誤傳，聘金約在二千圓，而且強調是結納[47]金而非身價金。

　　1920年代中期後，婚姻改革的焦點從自由戀愛轉為廢止聘金，報紙出現大量投書與報導抨擊聘金制度造成的弊端。如大正15年（1926）臺灣民報刊登嘲諷「聘金害死人」的文章，認為家貧無力娶妻者常因付不起聘金走上絕路。[48]昭和2年（1927）籌組的臺灣民眾黨黨綱中，更明文規定反對人身買賣，廢止聘金制

46　天下編輯等著，《發現臺灣》（臺北市：天下雜誌發行，1992），頁156。

47　指日本訂婚儀式中所送的聘禮，如臺式婚俗六禮中的訂盟和納采。如酒、昆布等，需符合女方身分地位。

48　〈小言／聘金害死人〉，《臺灣民報》第93號（1926.2），頁9。

度。於是標榜無妝奩、無聘金的婚禮，開始獲得新知識份子及中下階層民眾響應。到日治後期因戰爭爆發，經濟緊縮，民眾更普遍簡化婚禮、廢除聘金，甚至將節約的婚費捐獻給政府機構或社會事業。

時至今日，聘金制度已漸流於形式，多半訂婚當天就退給男方，或者由女兒婚後帶往夫家作為成家基金。但索取聘金的數額多少才合理，仍常引起雙方爭論。

▍第四節　日治及戰後的臺南嫁娶禮俗

臺南是臺灣最早開發的地方，日治初期為第二大都市。殖民地時期臺灣社會在半被動的狀況下，被日本統治者推向現代化，臺南也不例外，一般民眾的日常生活是以現代揉和傳統並存著。本節擬爬梳日治時期與戰後臺南婚嫁的紀錄與例證，從中一窺社會變遷過程。

一、日治時期臺南婚嫁紀錄

日治時期婚嫁禮俗改變最重要的纏足解放，臺南並未缺席。1903年成立的臺南天然足會，規約中載明「第五條　會員子女六歲以上者不得纏足；第六條　會員男子十歲以下者今後不得迎娶纏足女子；第七條　會員所生男女應互相通婚，會員

以外如無纏足者亦可」。[49] 林瑞美曾在〈柚柑好尾味〉[50] 一文回憶她的阿媽與母親的婚姻故事，對此有所見證。她的阿媽：安平王城西望族盧家的獨生女柚柑（1882～1952），憑一雙小腳及媒妁之言嫁進名門。「阿媽有一雙封建時代象徵高貴的小腳，是被也是小腳的母親心狠手辣、認真嚴格地從阿媽才四、五歲時就開始纏，經年累月挨過疼痛、流血、流淚的童年和少女時代才達到的傑作」，盧柚柑20歲時（約1902年）由一位遠親姑婆做媒，嫁給大銃街（今自強街）名門蔡家公子蔡朝元（24歲）。蔡的夢想正是娶市內第一細腳小姐，並且如願以償。然而對於丈母娘要為自己剛出生的女兒（1904）進行纏足，蔡朝元卻猛烈反對，顯示仕紳階級的纏足風尚已告終結。而待女兒14歲（約1918）成為臺南市第一批到日本留學的女孩子，24歲（1928）論及婚嫁，蔡朝元也不入俗套認為非訂婚不可，「為了要打破婚嫁索聘金、陪嫁粧的陋習，不但喜餅全免，更不提聘金，也沒有準備女兒嫁粧」，而讓女婿以自己的積蓄購戒指帶婚紗一切從簡。可見此時臺灣仕紳如蔡朝元的認同，減輕了「解纏足」為臺灣社會中、上階層家庭的婚姻問題所帶來的不安。

由於是從知識分子、仕紳階級開始傳播新思想，並付諸實踐，其擇偶條件，也從三寸金蓮，轉為學歷高低。因此象徵智

49 洪郁如著，吳佩珍、吳亦昕譯，《近代臺灣女性史：日治時期新女性的誕生》（臺北市：臺大出版中心，2017/06），頁64。

50 林瑞美，〈柚柑好尾味〉，江文瑜編，《阿媽的故事》（臺北市：玉山社1995），頁234～239。

慧、才能與家世保證的高等女學校學生，幾乎可說是名門子弟挑選伴侶的首選。例如戰前臺灣第二位醫學博士施江南，就是在臺南第二高女校長的介紹下，順利娶得該校成績最優異的陳焦桐為妻。另一方面，大正元年（1912）臺南斷髮會成員率先倡導參酌的新式與舊俗，改良婚喪禮，雖無實質結果，但也埋下改變的種子。大正2年（1913）臺南陳逢源與郭希韞結婚，嫁娶儀式即新舊參半，且因郭希韞曾受新式教育與在公學校教書，鬧洞房時在親友慫恿下彈琴唱歌，被視為「前所未有的脫化」，[51]顯示當時的新女性，行事作風已不同於以往。

　　響應婚俗改革，臺南不落人後，各種文明婚禮一一舉行。大正4年（1915）翁俊明[52]自總督府醫學校畢業，與曾經當過秀才的富紳吳筱霞長女吳湘蘋，在臺南文廟內明倫堂舉行婚禮，[53]突破傳統習俗，新娘披上全臺第一件純白的西式婚紗，新郎則著西裝，司儀為連雅堂。以傳統臺式婚禮為骨幹，加入基督教儀式的奏樂、證婚、交換婚書等，簡單而不失莊重，「別出一格，為文明結婚之首倡，開當地風氣之先」[54]，為後來的婚禮樹立典範。

51 〈文明結婚〉，《臺灣日日新報》，1913年11月27日版5。〈鬧房韻事〉，《臺灣日日新報》，1913年12月5日版6。
52 旅日藝人翁倩玉祖父。
53 翁倩玉、章君毅，《翁俊明傳》（臺北市：中央日報），1990年。卷首插圖。
54 黃敦涵編，《翁俊明烈士編年傳記》，臺北正中書局，1977年，頁33。儀式以臺式為骨，也參基督教儀式的奏樂、司盟人（證婚人）、交換婚書等。《臺灣文獻》65卷1期，〈邁向「文明」：日治前期臺灣漢人的婚俗變遷（1895－1920）〉張維正，國立臺灣師範大學臺灣史研究所碩士，頁159。

■ 臺南公會堂是日治時期重要集會場所，也是舉辦新式結婚的熱門選擇。

　　日治以前，臺灣人多在自宅舉行結婚儀式，之後受到新式結婚影響，改到公會堂、學校、紀念館、酒樓等公共場合舉辦。位於臺南市中西區民權路二段30號的原臺南公會堂[55]即是當時許多新人舉辦婚禮的熱門選擇。該建築所在地為清朝道光年間士紳吳尚新的吳園，內有亭臺樓閣、假山、池塘等設施，今庭園尚存留一部分。日治時期原以財團法人型態官民合資4萬多圓興建臺南公館，1911年2月完工，1923年改稱臺南公會堂，成為市民重要的集會活動場所，也是臺灣文化協會進行演講與集會，鼓吹婚俗改革的據點。

　　如大正5年（1916）臺南市陳百享借臺南公館舉行婚宴，官紳三百人出席。[56]隔年（1917）林茂生與王采蘩亦在此結婚。[57]

55　二戰後改為中山堂，再於民國44年改為省立社教館並加以修繕。民國87年（1998）公告為臺南市市定古蹟。
56　〈新婚宴客〉，《臺灣日日新報》，1916年1月17日，版4。
57　林茂生（1887-1947），東京帝大哲學科畢業，美國哥倫比亞大學博士。於二二八事件中遭難。其妻王彩蘩為王鍾麟之妹，王得祿後代。中研院臺灣史研究所臺灣史檔案資源系統http://tais.ith.sinica.edu.tw/sinicafrsFront/search/search_detail.jsp?xmlId=0000079633。

大正9年（1920）莊媽江與陳玉
梅於臺南公會堂結婚，婚禮請第
二公學校及女子學校兩校校長司
式，[58]並有來賓讀祝詞、祝電及
主婚人答謝詞，式畢拍攝紀念照
及舉行婚宴。[59]

此外，大正15年（1926）臺
南韓石泉與莊琇鸞的婚姻也突破
媒妁之言的限制，獨樹一格。韓
石泉畢業於總督府醫學校，行醫
之餘活躍於抗日社會及文化運
動。莊秀鸞自臺南第二高等女學

■ 韓石泉與莊琇鸞結婚照。（翻攝
自《文化協會在臺南展覽專刊》）

校畢業，當時自由戀愛風氣仍然不普遍，但兩人已公開交往四
年。韓石泉身為臺灣文化協會之一員，也力行協會提倡的破除
舊俗，兩人於臺南公會堂舉行西式婚禮，在數百位賓客前齊聲
朗誦「結婚宣誓書」，主張婚禮改革四要點，「一、摒棄繁文褥
節，力求簡單，二、減少妝奩，尤最嫌惡陳列豐富的妝奩或鈔
票，以示誇耀，三、廢除隨嫁（陪嫁）陋習，四、除少數親友
鬧洞房外，不歡迎所謂看新娘的大量揶揄觀眾。」兩人婚後也
出發蜜月旅行，不行傳統歸寧儀式，在當時保守的臺南地區頗
為轟動。

---

58 司式者為日語漢字，即證婚人，掌管婚禮進行，在宗教儀式中則是幫助婚禮的神
　　職者，如神父、牧師、神官、住持。
59 〈嶄新結婚〉，《臺灣日日新報》，1920年5月10日，版6。

昭和4年（1929）臺灣民眾黨臺南支部書記胡金碖與張麗雲結婚時，作風更為新潮，喜帖上註明：「一、不用聘金；二、不用賀禮；三、不注重一切的形式」，強調不只是聘金和妝奩，連同結婚形式也要捨棄。臺灣民報在報導此事時推崇為新時代男女結婚參考的好材料。[60]

　　昭和8年（1933）任職於商工銀行（即今第一商銀）的翁株霖與中醫師之女黃錦繡於臺南公會堂結婚，已採全套西式婚服，「新娘除鞋底黑色外，全身由頭紗、禮服、捧花皆為純白色，當時可稱驚世駭俗。」證婚人林茂生、新郎、伴郎皆著燕尾禮服，觀禮者有著唐裝、旗袍、西裝和高校生制服者，「中西合璧，頗堪玩味。」[61]

■ 圖左為1933年翁株霖與黃錦繡臺南公會堂結婚照，圖右為1937年臺南婚嫁老照片，註明當時結婚式順序。[62]

60　洪郁如著，吳佩珍、吳亦昕譯《近代臺灣女性史：日治時期新女性的誕生》（臺北市：臺大出版中心，2017/06），頁256。
61　於臺南公會堂展示，翁瑞昌律師提供之圖片。
62　引自《圖像府城 臺南老照片總覽》簡本，（財團法人臺南市文化基金會，2013/2）。

臺南嫁娶禮俗

■ 昭和9年（1934）何瑞麟迎娶崔淑芬亦在臺南公會堂留下紀念照。（何康美提供）

　　昭和9年（1934）何瑞麟迎娶崔淑芬亦在臺南公會堂留下紀念照。兩人婚禮由蔡培火證婚，蔡培火之女擔任花童，展現當時知識份子婚俗改革的成果。何瑞麟，原在臺灣第一位留德醫學博士王受祿與黃國棟合辦的白金町回生醫院任藥局生，之後赴日留學，為臺灣第一代牙醫，於臺南市民權路二段開設何齒科。他率先研究飲水加氟，是臺灣防齲推廣先鋒。崔淑芬，河北出生，東京留學時結識何瑞麟，嫁做府城媳婦。曾任臺南女中教師、臺南家職（今家齊高中）校長、第一屆臺南市議員，為捍衛婦權不惜辭職，創下臺灣地方自治史先例。日治時期她在何齒科開班教授北京話及編書，對國語普及深具貢獻。

　　原本婚宴多採自行料理或請總舖師辦桌，隨著料理店增加及社交型態改變，明治43年（1910）以後，也漸改在酒樓舉行。當時的酒樓，以建築氣派、環境舒適、供應精緻佳餚及藝旦表演為號召，成為日治時期臺灣菁英份子重要的社交、娛樂及文

化空間。臺南三大酒樓之一，以販賣本島人料理為主的醉仙閣即是熱門婚宴場地。昭和7年（1932）翁紹蘇在醉仙閣結婚。[63] 昭和9年（1934）仕紳洪采惠（今順隆蔘莊家族）孫女與商行小開亦於醉仙閣舉行婚宴，當時歌舞繁盛、觥籌交錯的景象，應該與現代人熱鬧喜慶的飯店婚禮相去不遠。

　　從日治時期各種婚禮紀錄來看，臺南可說走在潮流之先，現代化步伐較其他地區快速許多，也成為新式婚俗改革的搖籃。

二、戰後臺南婚嫁狀況

　　儘管日治時期已開始傳播自由戀愛的觀念，不過現實社會中能和心儀對象兩情相悅修成正果的還是少數，戀愛與婚姻仍是需要父母同意或決定。直到1960年代，民間到了適婚年紀的青年男女仍以媒人打探相親居多。1970年代後臺灣整體社會才真正接受自由戀愛與婚姻自主。[64]臺南在地企業富樂夢集團創辦人沈坤照（1934年生）在自傳中便提及與結縭60年的妻子沈蔡來順（1935年生）相親及結婚過程。

---

63 〈公私人事〉，《臺南新報》，1932年4月30日版8。
64 「根據2001年的臺灣社會變遷調查資料統計，在1950年以前出生者，仍有高達47％是相親或媒人介紹，有8％是父母安排或介紹，這兩者加總起來就高達55％了，自己互相認識而結婚的才16％。但是才不過十年的光景，隨著臺灣經濟在1965年之後快速發展，城鄉移民快速增加，傳統的媒人或父母介紹的比例，急速降低到17％，自己互相認識的比例急速增加到44％。1950～59出生的人，20歲的時候就是1970～79年，也是臺灣城鄉移民跟經濟發展最急速的時候，整個婚配過程也急速變化，透過父母介紹跟媒妁之言而認識結婚的比例從此再也沒有回升過了。」〈所有婚姻制度都是歷史偶然：解構反同婚神話〉，中山大學社會學系主任王宏仁，2017/03/07巷仔口社會學網頁。https://twstreetcorner.org/2017/03/07/wanghongzen-12/

臺南家娶禮俗

■ 沈蔡來順訂婚當日以人力車移動。（沈坤照提供）

■ 男方送聘隊伍扛櫃挑擔，浩浩蕩蕩經過臺南市鬧區。（沈坤照提供）

「那個時代很少自由戀愛，就算有比例也不多，大部分都經由媒人介紹，之後便說要安排『相親』，其實就是男方一行人到女方家裡坐坐。當時媒人婆曾說過，如果到女方家裡拜訪後帶一樣物品回家，將來過門後，妻子會比較溫順聽話，據說有這樣的風俗，於是同行友人便拿了一個茶杯回家。……當時我對婚姻沒什麼特別想法，既然是長輩決定的，要我們結婚那就結婚，覺得有人可以幫家裡的忙就好。」[65]

65 朱怡婷，《說到做到 沈坤照－從一卡皮箱到整座文具王國》（臺南市：沈坤照，2016），頁159～160。

■ 1959年沈坤照與沈蔡來
順結婚照。（沈坤照提供）

臺南家娶禮俗

兩人於民國48年（1959）在蔡家佛堂訂婚，當日以人力車作為新娘交通工具，新娘母親著鳳仙裝，新娘則著洋裝。男方送聘隊伍浩浩蕩蕩，扛槓挑擔，經過西門與民權路口，訂婚喜餅則為舊永瑞珍的大餅，每塊重達5臺斤，是當時少見的大手筆。

　　現已83歲的沈蔡來順也因從小順遂，兒孫滿堂，被視為全福之人（好命婆）的不二人選，經常受邀「牽新娘」，她印象中最少6次以上，最遠還到過臺北幫忙。

　　臺灣在1970年代以前相機尚未普及，結婚時大多請老相館的攝影師到家中拍婚紗照，照片仍以黑白為主，最常見的畫面除了新郎、新娘合照，即是排排坐的全家福。從沈坤照的結婚照可以發現當時新人皆已著西式婚服，但親友服裝仍有中、西、日式混雜的情況，顯示戰後臺灣民間從傳統過渡到現代的軌跡。

第 五 章

今俗：臺南近代嫁娶
禮俗與變遷

　　近代婚姻禮儀大致上仍承襲自古禮，只是舊時三書六禮等繁文縟節隨時空變遷已化繁為簡，因時制宜的發展出一套婚禮流程，然而仍脫離不了藉由婚禮儀節取得神明祖先認可，以及雙方家長認同，並承擔履行對父母、彼此與親屬的權利義務。婚姻禮俗從古至今的變遷，依序可分為「六禮」、「四禮」、「三禮」、「二禮」。

【古今婚儀演變】

古六禮	四禮	三禮	二禮
納采	問名	議婚	訂婚
問名			
納吉	訂盟	訂婚	
納徵			
請期	完聘	結婚	結婚
親迎	親迎		

　　「四禮」是將古婚俗六禮，併為問名、訂盟、

完聘、親迎。[1] 問名即男方向女方議婚，舊時社會風氣較封閉，婚姻全由父母作主，並仰賴媒人奔走撮合，即「父母之命，媒妁之言」，因此有所謂「第一門風，第二財富，第三才幹，第四美醜，第五健康」的議婚條件，[2] 當雙方條件略微適合，後續才提字仔、合八字、比手指辦（即量訂戒指尺圍）；訂盟又稱小定，也就是俗稱的訂婚，儀俗包括送定（送聘禮）、壓茶甌、掛手指、分餅等；完聘即大定或大聘，男方送聘金、禮餅、禮物至女家，並告知女方迎娶日期；親迎的禮俗雖已略為簡化，但講究者仍於迎娶前一日拜天公，新娘出嫁前並有食姊妹桌之俗，男家迎娶進門後拜神明、祭祖，當晚亦有食酒婚桌之俗，一切儀節多循古禮而簡化。

所謂「三禮」，是指議婚、訂婚、結婚。議婚即是古禮中的納采、問名，訂婚包括納吉、納徵，而六禮中的請期、親迎則屬結婚。[3] 隨著時空與社會變遷，自由戀愛成了近代婚姻主流後，各種禮俗也逐漸改變，現今更有簡化到訂婚與結婚「二禮」，儘管程序上化繁為簡，但傳統禮俗終無法一概而廢，所以六禮依舊蘊於其中，於現今婚禮中仍可見不少舊俗。

今日的婚姻禮俗，大致上仍可分為三部分，分別為婚前的準備（訂婚禮俗），其次為結婚迎娶，第三階段為婚後歸寧。

---

1   吳瀛濤，《臺灣民俗》（臺北：眾文，1992），頁125。
2   同上註。
3   王灝，《臺灣人的生命禮俗─婚嫁的故事》（臺北：臺原，1992），頁23。

▇ 第一節　從自由戀愛到訂婚

　　從舊時以媒妁之言為介、父母之命為重，到自由戀愛舊時民情封閉，加上社會禮教對男女的交際往來限制十分嚴格，一般男女鮮少有機會認識異性，通常到了適婚之齡，長輩便會委託媒人物色合適的婚配對象，因此媒妁之言可說是舊時婚姻最主要的媒介，如《禮記》〈坊記〉提到的「男女無媒不交」[4]一語便道明媒人的必要性；而《禮記》〈曲禮〉亦云：「男女非有行媒，不相知名；非受幣，不交不親。故日月以告君，齋戒以告鬼神，為酒食以召鄉黨僚友，以厚其別也。」[5]更說明媒妁成為禮制後對婚姻的重要，以媒妁往來傳婚姻之言，以納幣而為婚約之形式，告鬼神藉以表示婚姻為兩家族的事，則父母之命自然也在其中，尤其婚姻的意義在於「上以事宗廟，而下以繼後世」，婚姻是為延續發展家族命脈，並非單純的男女之事，所以往往不以男女雙方的感受為主要考量，此由舊時民間多言「娶媳」、「嫁女」亦可看出婚姻所重皆在雙方父母，決定權並不在結婚當事者身上，而是由父母尊長安排，也顯示「媒妁之言於前，父母決定於後」是促成婚姻的基本條件。

　　舊時締結婚姻之所以要以媒為介，除社會封閉，男女分際界限極嚴外，主要還是在使民知廉恥、防淫亂，據《禮記》〈坊

4　王雲五主編、王夢鷗註釋，《禮記今註今譯（下）》（臺北：臺灣商務，1969），頁389。

5　王雲五主編、王夢鷗註釋，《禮記今註今譯（上）》（臺北：臺灣商務，1969），頁26。

記〉云:「男女無媒不交,無幣不相見,恐男女之無別也,以此坊民,民猶有自獻其身。」[6]男女嫁娶必由媒妁交涉介紹,特別是女子若無媒介紹而與男子相通,則會被質疑為不貞而為人所鄙棄。此外,《臺灣私法》亦有相關記載:

（唐明清律）律雖無要立媒妁的明文規定,但唐明清律有甚多以立媒妁為前提的規定,明清兩律在嫁娶違律主婚媒人罪律規定:『若媒人知情者,各減(男女主婚)犯人罪一等,不知者不坐。』將媒人準照主婚人。[7]

可知按清代臺灣慣例,婚姻一定要有主婚人與媒人,否則不僅違背倫理道德,且不具律法效力,因此「媒妁婚」成了古時候最主要的婚姻形式,透過父母之命,媒妁之言,男子以聘為禮,行媒而娶,女子因媒依禮聘嫁,才符合「明媒正娶」,使成夫妻。

【巧謀姻緣──媒妁】

舊時男女到了適婚年齡,父母便會託請媒人尋找與自己門當戶對者,或將理想對象的條件告知媒人,由媒人尋找大致合乎標

6　《禮記》〈坊記〉卷五一(臺北:藝文印書館,十三經注疏本),頁871。
7　臨時臺灣舊慣調查會,《臺灣私法》第二卷(南投:臺灣省文獻委員會),頁521。

準的對象，而若事情成功，媒人還會獲贈酬金，即「媒人禮」。在那個以媒妁之言作為婚姻媒介的年代，媒人的角色顯得十分重要，還有專職的「職業媒人」。通常媒人必須具備「福全」的條件，即所謂富、貴、才、子、壽俱全的「有福」之人，由於婚禮儀式過程中媒人須隨侍在新人身邊，民間俗信若為好命婆能福蔭新人，因此「福氣」往往成為擔任媒人的首要條件；再者，媒人須善於察言觀色，且具備良好的口才與溝通能力，能為男女雙方謀得門當戶對之人家，並居中溝通二姓之意見、斟酌聘金、聘禮等瑣事；此外，還必須通曉婚俗儀節與禁忌，能誦唸四句聯、吉祥話等賏辭，並於婚禮進行中能臨機應變的處理問題，如此才能有始有終，完成婚姻的締結。不過，也有媒人為賺取禮金，會憑其三寸不爛之舌，好說歹勸，甚至為男女雙方過度美化，以撮合婚事，故早年才有「媒人喙，糊瘰瘰」（Muê-lâng-tshuì,hôo-luì-luì）之俗諺，指的便是媒人信口開河、天花亂墜。而通常男方長輩為恐媒人之言不全可信，還會藉機探查女方情況，所以早年女子的父母親總會告誡女兒行為要端莊得宜，以「留一些給人探聽」，便是此意。而男方經探聽後若覺得不錯，才會由媒人安排「對看」（類似「相親」），讓男女雙方藉由見面確認是否有意結為親家。

　　對看通常由媒人帶著男方父母前往女家拜訪，女方則會端甜茶請大家喝，男方家長則趁機端詳女方容貌、體態等，若覺得合乎條件，有的還會檢視女方的掌紋是否斷掌剋夫，以及是否為「鴨母蹄」（扁平足）等破相或缺陷之格，若都無不吉之徵，且都

受到西方思潮的影響，加上隨著工業化與都市化發展，年輕男女多於成年後便步入社會工作，無形中結識異性的機會大幅增加，而社會風氣開放，男女擇偶管道更是日趨多元，且有較高的自由度，舊時仰賴媒妁之言，奉父母之命而婚的單一方式已經不再。現代的配偶選擇方式大致可分為「自由選擇」

■ 從文定到迎娶，媒人皆得全程陪伴，指導禮儀進行。

與「婚姻安排」，前者大都為男女雙方自由認識後進而交往戀愛，而婚姻安排則多透過婚姻介紹所，協助未婚男女結交異性，並藉由舉辦異性聯誼或類似相親活動等方式來促成交友和婚姻。[8]然而，無論是自由選擇或經婚姻安排，一般而言，男女雙方都會經過一段時間的交往、戀愛，彼此熟識甚至有共識後

8　這類單位或機構依組織與屬性不同而名稱各異，如婚友社、婚姻網等，通常採取酌收服務費方式，以資料配對，舉辦各類男女聯誼活動來促成交友和婚姻。

臺南嫁娶禮俗

■ 現代男女認識交往管道多元，相對也增加姻緣促成的機會，圖為於晶英酒店所舉辦的七夕聯誼。（吳秀緞提供）

才步入婚姻。而建立在自由選擇與戀愛基礎之下的婚配方式，也讓傳統的代間權威關係逐漸改變，在擇偶的過程中，父母不再居於主導或干預的立場，而是轉為參與或提供意見。換言之，婚姻伴侶的選擇已從過去以家族、父母為重心，轉而為男女雙方自我心理或情感需求，而這樣的方式更成為現代社會婚姻的主流，進而對現代的婚姻禮俗也產生了影響。

　　隨著自由戀愛以及嫁娶自主的觀念逐漸普遍，現在的婚姻實際上已不需託媒人牽線，然而，男女雙方在交往穩定，決定結成夫妻後，為表示對婚禮的慎重，禮數依然不可偏廢，男方通常還是會按照禮俗請一位名義上的「介紹人」，俗語說「隔壁親家，禮數原在」即是此意。不過，由於現在男女在決定結婚之前，多數都已見過雙方家長，且現今的長輩對於兒女婚嫁也都基於只要年輕人彼此情投意合，對婚事都不會有太多意

■ 今日的男女從相戀到結婚不再以媒為介，媒人婆多為「便媒人」，然而在婚禮中仍扮演儀式引導的重要角色。

見，因此，現在的媒人多為「便媒人」，也就是現成的媒人，一般多由家族中德高望重或社會歷練豐富的長輩擔任，主要負責居中溝通，為兩家傳遞訊息，而經驗豐富的媒人也會於婚禮進行時，扮演儀式引導的角色。

一、訂婚禮俗

訂婚是婚約的締結，即古禮的納采、問名、納吉、納徵等程序，今日禮俗包括議婚、合八字、訂婚（下聘）。現代男女準備攜手共組家庭，於結婚前多半會先行訂婚，儘管訂婚儀式在法律上並無任何效力，但卻是自古沿襲至今的禮俗，以此表示對婚姻的尊重和謹慎。今日的訂婚著重在下聘，往昔尚有「小定」、「大定」兩次分批贈送聘禮與聘金，今則合併將聘禮聘金一次送足，臺南的訂婚禮俗為尊重女家，習慣上多依女方之俗，結婚則以男方習俗為主，亦有男女雙方協商，彼此同意即可。

（一）議婚

又稱「講親情」（kóng-tshin-tsiânn），也就是「提親」，早期皆由媒人偕同男方家長攜禮前往女家說媒，類似相親（後來也有雙方約於餐廳見面），之後男方會請親友幫忙打聽女方的家教風評等，俗稱「探門風」。現在男女雙方於論及婚嫁前多半都已有一定程度的認識，提親通常只是一種形式，較著重在商談婚禮相關事宜，包括下聘與結婚的預期與期程、擇日細節、聘金（大聘、小聘）金額、聘禮項目（6項禮或12項禮）、禮餅數量、婚禮儀式與宴客……等，此外，也會探詢雙方禮俗與禁忌，從古至今議婚多由雙方長輩主導，媒人則居中協調，在談妥一切婚禮細節後，雙方的婚事初步底定。

（二）合八字

古時嫁娶禮俗，男方初次請媒婆向女方提親並徵得同意後，便會提供女方的八字讓男方合命，看是否有任何不宜或雙方沖煞，稱為「問名」，因為舊慣俗信男女雙方生辰八字是否匹配攸關兩個家庭、甚至家族的興衰，以及婚後榮枯，因此問名之俗十分重要。然而，隨著時代變遷，現今男女婚姻多自由戀愛，以八字論斷婚姻吉凶的情況也已逐漸式微，今日的「合八字」雖仍是中式婚禮中不可免的禮俗，但多為參考依據。通常男方在議婚時取得女方生辰八字後，會交由算命師排算雙方是否適合，倘若男女雙方八字不合，則請算命師指點化解之法，多數長輩還是會讓雙方完婚。合八字不再如過去那般「命定觀」，大多時候只為討吉利或避免相沖，或單純作為擇日與

排定婚期的參考。

（三）訂婚（下聘）

古指納幣定婚，即訂立婚約，語出《詩經》〈大雅‧大明〉：「文定厥祥，親迎于渭。」[9] 朱熹註：「文，禮；祥，吉也。言卜得吉而以納幣之禮定其祥也。」後來稱訂婚為「文定」。訂婚不僅是男女對彼此的承諾，也是兩個家族重要的約定，為了表示對婚姻約定的慎重，通常男方會請媒人引導，在父母與至親陪同下，攜帶聘金與聘禮至女家下聘，因此也是雙方家族首次正式見面。大致上訂婚儀式過程為祭祖出發、送聘、食茶壓茶甌、交換戒指、女方祭拜神明與祖先、合影留念、訂婚宴客、分送喜餅等。

1. 祭祖出發

男方出發前以鮮花素果祭拜神明祖先，稟告將前往女家下聘，祈求保佑圓滿。送聘人數以雙數，如6、10、12人皆可（傳統觀念「6」為吉利數字，取其「六六大順」之意），並盡量避免4、8等諧音不吉的人數，禮車亦同。

2. 送聘

男方攜帶聘金、聘禮與禮餅前往女家下聘，今日的禮俗中仍有小定（小聘）和大定（大聘），大、小聘的金額於提親時多已商議好，一般說來，大定為男方給女家添購嫁妝之用，亦有作為排場、彰顯男方家世之意；小定過去臺南民間又稱為「奶

9　中國哲學書電子化計劃 https://ctext.org/dictionary.pl?if=gb&id=53258

■ 聘金有大、小聘之分，此外，今日為求方便省事，許多「禮數」
　亦有以現金替代的趨勢。

母錢」或「屎裙仔錢」，金額少於大定，是男方表示對女家養
育女兒的答謝，女方一般都會收。不過由於現今社會男女平
等，婚前雙方父母的照顧亦相等，加上惟恐收聘會引起兩家不
睦，或影響新人日後和諧，因此愈來愈多女方不收聘金，將結
婚成家所需一切由男方備辦，或只收小定，而大定於行聘後由
男方攜回（或收紅包袋），意思是嫁女兒而非賣女兒。

　　除了聘金外，聘禮也是文定當日不可或缺，早昔一定得湊
足12項，今聘禮項目多以12項或至少6項，視男家預算而定，
稱為「六禮」或「十二禮」，品項則無一定標準，仍多與傳統聘
禮大同小異，以寓意吉祥之物為禮，僅內容稍加簡化或以其他
物品替代，現今聘禮除金飾外，已多由婚禮用品店包辦，因此
隨著各店家備貨也略有不同，新人亦可自由選擇，每項皆湊成

■ 早昔以扛檯方式將聘禮扛至女家，今放於木檯盒中送聘。

■ 所有的聘禮皆須貼上囍字或紅紙，象徵喜氣。

■ 今日聘禮不再一定強調特定的6或12禮，豐儉或品項因主家而異。

臺南家娶禮俗

雙數即可，而所有聘禮皆須以紅紙包裹，現今臺南地區訂婚的聘禮大致如下。

（1）**禮餅**：訂婚時，女方須贈送喜餅給親友，分享女兒要出嫁的喜訊，按照傳統禮俗，女方嫁到男家，算是男家有喜，所以由男方提供禮餅。傳統中式禮餅可分為「盒仔餅」、「大餅」、「對餅」，盒仔餅是由6個長方形漢餅組成一盒的喜餅，受到日本人統治的影響，方形的餅才逐漸盛行，尤其在臺南十分普遍。大餅又稱「日頭餅」，

■ 盒子餅盛行於南部，是臺南嫁娶中常見的禮餅款式。

樣式多採圓形，口味以甜為主，圓而甜，取其圓滿甜蜜，通常論斤計重。對餅顧名思義就是以兩個大餅為一組的禮餅，有永結同心之意。臺南禮餅多採用一盒數斤的大餅，亦有以盒仔餅或西餅禮盒，數量則由女家提出或雙方商定，不過受到臺南自早流傳的嫁娶慣俗與「吃餅」文化，無論是何種形式的禮餅，在斤兩或數量上皆很可觀，有彰顯男家體面之意，儼然成為府城婚俗的一大特色！過去禮餅直接由男方訂製後送到女方家，現在亦有將禮餅改以金錢替代，稱為「打盤」，只是男方於文定時仍要攜帶一定

數量（通常為12盒）的禮餅至女家行聘，而女方則回一半。

（2）四色糖（或六色糖）： 舊俗是以冬瓜條、桂圓（龍眼）、冰糖、桔餅等四色糖，現在亦有以冬瓜糖、冰糖、桔糖、福圓、蓮子、紅棗等六色糖，或以冬瓜糖/條、冰糖、桔餅/糖、福圓搭配棗子、巧克力糖等組合成6樣的六色糖，多取其甘甜福氣之意，也有「吃甜甜，生後生」之祝福。通常女方收下一份、回一份，象徵新人甜甜蜜蜜，永浴愛河。

（3）禮香炮燭： 用來敬告祖先子孫大喜的消息，此外也使整個儀式更顯喜氣，包括禮香、禮炮、禮燭等。禮香選用無骨透腳香，禮炮用大鞭炮和大火炮，禮燭則是成對的龍鳳喜燭，通常女方收聘後則各退回一對。

■ 婚禮用的透腳香為一對成組，多書「天地福證、兩姓合婚」或「百年偕老、永結同心」等字。

■ 男方獻上聘禮，女方亦回送訂婚禮12項及香燭炮城、四色喜糖等。

臺南家娶禮公

（4）金飾：除了舊時的簪釵已不用外，包括項鍊、手鐲、戒指、耳環等「四金」於今日婚嫁場合中仍很常見，尤其臺南向來「厚禮數」（kāu-lé-sòo，禮數周到），這樣的民風也反映在婚俗中，迎娶或嫁妝中金飾的多寡，象徵著一個家庭的財力，婚禮中的金飾愈豐厚，愈顯得面子足

■ 訂婚金飾通常包含戒指、項鍊、手鐲等，或隨男方的能力增減。

夠。訂婚的金飾通常由準婆婆打點，不過現在多讓準新人自行選購，基本包含戒指、金項鍊1條、手鐲2條、耳環1副，或隨男方的能力增減，訂婚當天由婆婆幫新娘戴上，作為給媳婦的見面禮，而婚禮當天新娘更必須全數戴上，以示尊重之意。

（5）頭尾禮：舊時頭尾禮是贈送布料讓新娘裁製新衣，現代則以從頭到腳的衣飾配件，包括帽子、鞋子、腰帶、衣裙（或洋裝）、皮包、手錶、化妝品、領巾、絲襪等6或12件，有些還會在所有袋口放紅包。今也有新娘自己去選購全身的衣物配件，再由男方支付費用。

（6）合婚糖：舊時以八卦糖及菱形的小糖為合婚糖，今以一般禮糖取代。

（7）香菸：數條，數量為雙，取其閩南語音「婚」，有合婚之意；

■ 合婚糖不再侷限古早味的糖果，現在越來越多新人選用新潮的巧克力糖。

另有一說，稱「丈人菸」，讓岳父辦桌宴客用。香菸女方要全數收下，不可回禮給男方，以免有退婚之意。

（8）**酒或喜茶**：以6瓶、12瓶或24瓶，象徵全年平安，可用作敬獻女方的祖先。過去酒類一度以「紹興」酒為訂婚常見的酒類（據傳「紹興」音同「招興」，有招興旺之意），現在則以洋

■ 香菸閩南語音為「hun」，女方不可回給男方，以免有退婚之意。

臺南嫁娶禮俗

酒為主流，茶則用茶葉罐。

(9) **麵線**：12束，有長壽之徵，在婚禮上則有「美滿姻緣一線牽」的吉祥寓意，象徵兩姓聯姻，夫妻白頭偕老，也有祝福新人福澤綿長、延年益壽。

(10) **鮮花**：以萬壽菊、圓仔花、芙蓉花等具吉兆的植物擇一。

■ 麵線有「千里姻緣一線牽」，也有福澤綿長，延年益壽之意。

(11) 其他象徵子孫繁衍之物，如紅棗、花生、桂圓、蓮子等物，取其諧音「早生貴子」。

■ 紅棗、花生、桂圓、蓮子等象徵子孫繁衍之物，有祝福新人多子多孫多福氣。

（12）蔴荖、糖霜、糖仔路（今以糖果替代），數量取雙數包。

　　除上述聘禮外，其他臺南地區常見的聘禮還包括：米、糖（供女方做湯圓之用，取夫妻圓滿、糖甘蜜甜之意）、山珍海味或罐頭禮盒（香菇、鮑魚、螺肉、參茸、干貝類，女方收下後可祭祖）。此外，若男方為臺南人，通常還會準備一個化妝箱做為聘禮，裡面放紅絲巾（為新娘出嫁時將絲巾綁在扇子上，代表福氣不散）、紅絲線（又稱吉祥線，用來綁竹青或甘

■ 臺南地區有以米、糖為聘禮之俗。（王素滿拍攝）

■ 傳統婚禮中重要的女性，如新娘、婆婆、岳母、媒人婆等，頭上皆須插「春仔花」。

蔗；綁於戒指上則稱姻緣
線，代表同心）、新娘珠
仔花（多以紅色石榴花，
代表多子多孫多福氣）、
春仔花（長輩頭花）、緣錢
粉（象徵有緣有錢）、棯
粉（即挽面粉，給準新娘
在出嫁前挽面開面用）等。

　　而筆者於田調過程也
發現部分聘禮逐漸消逝，
或已由其他物品所取代，
如舊時的豬爿、羊爿，是
早期農業社會最重要的牲

■ 現代人對聘禮愈來愈要求實用性與便利
性，市面上因而有現成的山珍海味禮盒。

禮，所以富有人家會以全豬（羊）或半豬（羊）作為聘禮，普
通人家就以豬腿聊表心意，讓女方可以分贈給前來參加婚禮親
友，現在則不用全豬羊，甚至連豬、羊爿也少見，部分人家會
以火腿取代；以及象徵「起家」的閹雞與鴨母現在也已罕見。
而過去臺南部分地區有以檳榔為聘禮，數量依大餅數量的2至
3倍，是讓女家分贈親朋好友，目前也已少人採用，這些繁複
與不合時宜的聘禮今多改以禮金替代。

　　此外，文定時男方還要準備紅包，舊時繁文縟節多，因此
新郎準備的禮金也名目繁多，現在則因儀式簡化，所準備的紅
包數相較於以前少，包括開門禮（給為新郎開車門的孩童或舅

■ 現今衣服禮與酒筵禮多以禮金紅包替代。

■ 男方至女家下定，致送聘金，婚約始告議成。

子）、牽新娘禮（牽引新娘奉茶的好命婆）、[10] 化妝禮（舊時稱「挽面禮」，今作為給新娘的化妝禮）、喝茶禮（新娘奉茶時給新娘的紅包）、壓桌禮（訂婚當日女方辦訂婚宴席的費用）、媒人禮（給媒人當日的謝金，雙方皆備禮，通常男方禮金較女方家多）、工作人員紅包（給前來幫忙的親友，或攝影等酬謝之禮）。

■ 講究一點的人家，以總禮作為其他禮俗不足之處的禮金，讓文定儀式更趨完美。

---

10 好命婆又稱「喜婆」或「喜娘」，由於民間俗信於訂婚奉茶或出閣時由好命婆牽新娘，新娘便能沾染好命婆的福氣、承其好運，婚後能多福多財多子孫。好命婆通常為婚姻幸福、子孫滿堂、且公婆子女皆健在的「福祿壽」三全婦人，一般多由女方找族親內長輩擔任，而民間因姑與嫂有「孤」、「掃」之諧音較不吉利，因而忌諱由姑嫂任之，現在多數由媒人同時擔任。

而有些講究人家還會準備總禮，即除了餅錢與聘金、壓桌錢、媒婆禮以外的紅包，作為替代其他無法備齊的聘禮與其他禮俗不足之處的禮金，以求整個文定儀式圓滿完成。

男方到達女家後，親友將訂婚行聘金與聘禮逐一陳列，在媒婆陪同點交下獻給女方，女方將男方送來的聘禮退回一部分，包括數盒禮餅、禮香、禮燭、禮炮各一份、四色糖一份等。再將女方送給男方的 6或 12 項回禮交給男方，一般

■ 有的女家會找好命婆（喜婆），於訂婚奉茶時牽新娘子，讓新娘沾好命婆的福氣，婚後多福吉祥。

而言，多以男方身上穿戴的服飾用品，此外多以象徵生命繁衍的植物或物品為主。女方回禮的物品今亦多由婚禮用品包辦，項目依各家也略有不同，女方準備的回禮大致如下。

（1）衣飾：新郎從頭到腳所穿戴的衣飾用品，包括成套西裝、襯衫、領帶、領帶夾、皮帶、皮夾、皮鞋、襪子、手錶等。

（2）金飾：訂婚戒指、項鍊等。

（3）五穀種子：包括稻穀、綠豆、大麥等，代表生生不息，也象徵豐衣足食，以作為新娘的壓箱物品。

（4）火炭、鐵釘、犁頭鈝（生鐵）：寓意生湠出丁，有子孫繁衍、

■ 媒人介紹雙方親友，
互相認識。（吳秀緞
提供）

■ 媒人點交聘禮。

■ 男方送來的禮餅，
按照禮俗女方必須
回一部分，回的數
量則取雙數。

第五章　今俗：臺南近代嫁娶禮俗與變遷

■ 文定時女方須給男
　方的頭尾、衣飾禮。

■ 以禾麥黍豆等多種
　不同的種子，以祈
　五穀豐收。

人丁興旺之意。

（5）芋：代表新郎有好頭路，新娘快大肚。

（6）蓮蕉花、石榴花：蓮蕉代表花開並蒂，夫妻連心，而蓮蕉與「連招」諧音，石榴多子，有連招貴子之意。

（7）鳳梨、香蕉：鳳梨取意「旺來」，香蕉取意「招來」，香蕉作為給男方分送親友用。

（8）糕仔：糕仔有步步高升之意，或有以狀元糕替代，則寓意嫁狀元夫君、生狀元子。

（9）粩花：即米香餅，有「吃米香，嫁好翁」之意，藉以祝福新娘覓得好夫婿，也如粩花般圓滿芬芳。舊時米香餅在文定時是十分具代表性的禮物，今則多以喜餅替代。

（10）口酥餅：臺南人文定時

■ 蓮蕉、石榴、芋、鳳梨等皆為生命力強、繁衍眾多的植物，希望新娘能連招生子，替夫家帶來興旺。

■ 香蕉以偶數為宜，同樣要圈上紅紙。

一定會分發糕仔餅與親友及街坊鄰居分享喜氣，其中口

■ 口酥餅通常以紙包好貼上大紅囍字。

　　酥餅是女方須準備給男方的訂婚回禮，讓男方致贈親友。

(11) 女婿兜：女婿肚兜代表新郎的財庫，內裡要置一紅包。

(12) 緣錢：又稱緣粉，象徵與婆家結緣，可放在新人的枕頭底下，祝福夫妻有緣有份，永浴愛河。

■ 基於對女兒的疼惜，愛屋及烏，講究一點的人家還會給女婿財庫，祝福女婿婚後財源滿滿。

3.食茶壓茶甌[11]

今俗又稱「奉甜茶」，女方請男方長輩親友依長幼次序入座（人數以偶數為佳），新郎則居末座。新娘在「好命婆」的牽引下端著茶盤步出正廳，向男方親友逐一奉上甜茶（桂圓茶），媒人於一旁逐一介紹男方親友給女方認識，奉茶時，新娘即對長輩改換稱呼，象徵訂婚後為一家人。飲畢片刻，媒人牽新娘捧茶盤收茶杯，男方親友將紅包放入茶杯內或壓在茶杯底，以示回禮。

■1 新娘在「好命婆」牽引下，向男方親友逐一奉上甜茶。

■2 新娘捧甜茶敬奉前來下聘的男方至親，並在媒人的介紹下改稱呼。

■3 新娘奉茶得按長幼順序，新郎通常是在最末位。

---

11 部分人家須先拜過神明與祖先後才奉茶。

臺南嫁娶禮俗

■ 長輩飲畢，則壓紅包於杯底回禮。

4.交換戒指

新娘坐在正廳的高腳椅、腳踩生子椅（小竹凳，老一輩說法因竹子生命力強，有竹頭旺之意；而竹心中空也象徵新娘家有女德，身家清白無心機之意），以生子椅墊腳則表示提高新娘地位，象徵新娘富貴好命。新娘就緒後，面朝門外，新郎先將繫有紅繩的金戒指戴在新娘左手無名指，後再將訂婚戒指戴在新娘的右手中指或無名指。

原本舊時僅男方為女方戴戒指（昔稱「掛手指」），因受到西方婚禮文化的影響，戰後，男女雙方於訂婚「戴戒指」時，女方也會替男方戴戒指，男女互換戒指猶如交換訂婚信物。通常新郎為新娘戴上戒指後，接著新娘也將戒指戴在新郎左手中指或無名指，而即使時至今日早已女男平權，但新郎替新娘戴戒指時，通常新娘還是會依舊俗將手指略微彎曲，以免婚後被對方吃定。之後由準婆婆為新娘戴上項鍊、手鐲等見面禮，然後岳母為新郎戴上項鍊、戒指（隆重一點的人家還會戴領帶夾、袖釦等），新郎須以站姿低頭接受岳母為其佩戴金飾，據說代表尊重女方，另一說如此新郎才能腳踏實地、有擔當能給

新娘幸福。此外，部分地區婆婆也會為新娘插一對春仔花，源
自早期的插簪儀式，又稱「插定」，有女子已許人，名花有主
之意。

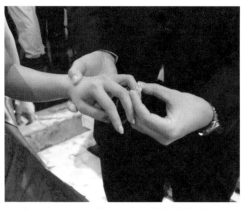

■ 今日早已男女平權，但新郎替新娘戴戒指時，
通常新娘還是會依舊俗將手指略微彎曲，以免
婚後被對方「壓落底」。

■ 新娘微低頭除了可讓準婆
婆容易為其戴上項鍊外，也
有感謝與尊敬之意。

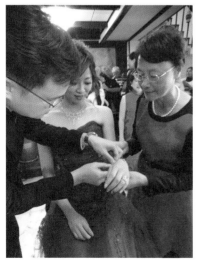

■ 準婆婆替新娘戴上金飾，也意味著認
定媳婦。

■ 婆婆會為新娘簪花「插定」。

臺南嫁娶禮俗

■ 臺語俗話說：「丈姆看囝婿，越看越意愛。」岳母對女婿的疼愛，就是外家對女兒疼惜的延伸。

5. 女方祭拜神明與祖先

雙方戴戒指儀式完成後，表示訂婚禮成，新郎、新娘在女方父母陪同下祭拜神明與祖先，稟告婚事已定，並祈求神明祖先祝福保佑。

6. 合影留念

新郎、新娘與雙方家長拍合照。舊時攝影設備尚不發達，一般民眾鮮少有機會攝影，現今攝影器材與技術先進普及，因

■ 儀式完成，男女雙方多半會拍照留念，為新人盟約留下見證。

■ 當代婚禮動態紀錄逐漸普及，愈來愈多新人聘請婚攝以影像紀錄整個婚禮過程。

此嫁娶時多半會拍照留念，也為新人盟約留下見證與紀錄。

7.訂婚宴客

訂婚當日，女方會備辦酒席宴請男方親友，而由男方負責宴客的費用。今俗依舊，女方設宴款待男方親友，分享互訂婚

臺南家娶禮俗

約的喜悅，而男方則要準備「壓桌禮」，用作當日女方辦訂婚宴席的費用。酒席畢，雙方告別時，禮俗上不可相辭，也不可說「再來」，據說如此才不會離婚再嫁。此外，部分地區則於訂婚當日中午由女方準備魯麵招待男方親友，稱「打魯麵」；而東山地區則將女方的歸寧宴客，提前於訂婚當天舉行，不再另行歸寧宴客。

■ 臺南嫁娶有「打魯麵」之俗，可招待遠道而來的男方親友，亦可分送鄰居告知喜訊。

8.分送喜餅

女家分送喜餅，周知女方親友並分享喜訊。當天到場多為至親，因此先分送，其餘親友則由新娘（或新郎陪同）另行分送。唯至今仍有新娘不能吃自己喜餅的禁忌，以免將喜氣吃掉，另一說是新娘日後會「大面神」（tuā-bīn-sîn），也就是厚臉皮、不謙卑，常做出自我揄揚之態。

▋ 第二節　婚禮進行式

文定之後，雙方開始準備結婚事宜，現在於議婚合八字時多半已將結婚日期一併定下，故無須請期，然而結婚迎娶為整

個婚禮過程最重要的儀式，禮俗也最繁複，迎娶之前仍有許多前置準備，以下將分為結婚前之準備與結婚迎娶程序兩部分敘述。

一、結婚前準備

1.布置新房

結婚前需布置一間新房，為新人婚後所住，舊時女方的嫁妝中就有包含整套新房的家具，然今日已無此俗。現今新房通常由男方打點，家具若無法全部更新，至少床單被褥等也要新購，並在每格抽屜放雙數的硬幣，祈求新人金銀滿庫，布置好後還必須掛上門簾（以無開縫為佳），並在所有家具與門上貼

■ 於新房掛上門簾，除了隱私的考量外，也提醒外人此為新房，不可任意進入。

■ 新房內的鏡子也要貼上紅紙以避免沖煞。

上「喜」字，化妝臺鏡也要以紅紙封貼，待婚後4個月後才能撕開。

2.安床

布置後的新房要經過安床，在臺灣傳統婚嫁習俗，新房只有一間，故結婚安床也僅能一次。安床大致循舊俗，須擇吉日進行，且由「全福婦人」來為新人進行安床儀式。於床舖邊擺米、鐵釘、紅棗、桂圓、蓮子、紅豆等寓意子孫綿延、人丁興旺的物品，[12]並請父母健在，兄弟俱全或生肖屬龍的男童在床上翻滾，稱「翻舖」，旁人則於一旁唸吉祥話預祝新人早日弄璋。亦有人會擺放發粿壓床，象徵新人大發。安床後忌諱單人床獨睡，婚後1個月內也忌空床，新人若外出則以衣物或娃娃替代，此外，為求得好彩頭，也要盡量避免寡婦或未生育過的婦女觸碰到新房的床被等。

■ 於婚前擇吉日，由全福婦人來為新人進行安床儀式，主要目的在避邪祈福，並讓新房沾滿喜氣。

■ 新房床上放八卦米篩，驅壓邪崇之意。

---

12 所擺之物因人而異，但皆脫離不了祈求子嗣與寓意吉祥之物，如亦有放鉛線、紅包袋（內置銅板）、發粿……等物。

3.門廳布置

包括男女兩家大廳布置，於門口懸掛八仙綵，以辟邪並祈求喜慶吉祥；大廳內掛喜幛、喜聯等。

■ 民間常以八仙圖做為祝賀的吉祥禮，結婚時亦常見於門廳懸掛八仙綵。

■ 喜幛是對新人的祝福，也可看出主家的人際網絡，甚至有彰顯地位的意味。

4.整頓儀容

舊俗新娘必須開面（挽面），新郎則必須剃頭，今整頓儀容除了是禮俗外，也希望在結婚當日能容光煥發，有最完美的呈現。

■ 承襲古禮，許嫁後女子就得改梳髮髻，今日的新娘「上頭」也大都盤髮如髻，表示為待嫁新娘。（李宗龍拍攝）

■ 現在新娘在結婚當天會稍微修眉，之後再梳頭、搽脂抹粉，打扮一番。

臺南家娶禮俗

■ 府城天壇已發展出一套制式的嫁娶拜天公祭品與祭儀。

5.拜天公、謝神

　　舊時臺南於完聘或親迎前一晚會拜天公，隆重之家還會聘請傀儡戲班上演傀儡戲酬神，今有些人家還會遵循此舊俗，只是禮聘道士於自家門口拜天公者已不多，若有行拜天公之儀多於廟內舉行，新郎由父母陪同，前往祭祀玉皇大帝的廟宇，在廟方人員引導下行拜天公儀式，如府城天壇便有專為民間嫁娶舉行的拜天公儀式。

二、嫁妝

　　舊時婚嫁，男方須備妥聘金聘禮，而女方也要準備嫁妝，當時，嫁妝依女家貧富程度有所謂「全廳面」與「半廳面」，[13]

13　關於「全廳面」與「半廳面」，詳見本書第三章第二節。

當時普遍認為豐富的妝奩除能展現女方財力外，也能使新娘在夫家獲致較高的地位，是婚姻美滿的保證。如〈臺灣舊時富家「奩單」與嫁粧—鹿港士紳所遺「奩單」淺探〉一文所述：「富裕之家，因婚事而耗費巨資，固無可傷，中等以下之家，因應付無力，而負債終身。甚或有因禮節偶疏，男女兩家發生齟齬，『親家變冤家』，細故隱伏，夫婦不相讓解，『佳偶成怨偶』。有新婦入門，而翁姑不滿者，有結婚未久，而夫妻反目者。類此事故，雖源由不一定在於『嫁妝』之鄙嗇，然不夠豐盛而促成者，亦所在多有。是以嫁女之家，為了女兒將來幸福，婚姻美滿，對於嫁妝，多盡力備辦，力求豐厚精美。」[14] 所引雖為中部鹿港之例，但類似這樣的嫁妝觀念，早年卻是放諸臺灣各地皆準，也因此舊時對聘金聘禮與嫁妝的豐儉十分重視。

而嫁妝物品也會隨時代變遷有所差異，早年常見的嫁妝多為家具或寢具，如桌椅、櫥櫃、被褥等，70年代，臺灣經濟起飛，除了家具與生活必須品外，一度也盛行以電視、冰箱等家電用品以及轎車、機車為嫁妝，亦有以金錢或股票為替代。而今，隨著民眾生活水準與經濟的提升，最重要是觀念的轉變，豐厚的聘金聘禮與嫁妝已非生活無虞與美滿婚姻的保證，也逐漸打破傳統的聘金與嫁妝習俗。目前，許多長輩已不收聘金也不用嫁妝；或將雙方父母給子女的聘金或嫁妝，作為添置新居家具或新人未來生兒育女的基金。

---

14 簡榮聰，〈臺灣舊時富家「奩單」與嫁粧—鹿港士紳所遺「奩單」淺探〉《臺灣文獻》43：3（南投：國史館臺灣文獻館，1992/09），頁153。

目前新人結婚辦嫁妝，多以女方婚後所需的日常用品，以及禮俗上必備、具有象徵意義之物。而早昔有所謂「迎嫁妝」，即在結婚前數日或當日，女家送妝奩給男家。現在交通方便，嫁妝也相對精簡，因此多於當日隨嫁，今日一般常見的嫁妝大致如下。[15]

（一）皮箱2只：一箱放衣褲6套，表示生子；一箱放洋裝6套，代表生女，皆須全新，皮箱內並放紅包，部分地區還有在每件衣服口袋都放上雙數的紅包，以求吉利，此稱「壓箱」。

（二）床組：床單、被套、枕套〈一對〉等，一般為2套，傳統一點還會準備龍鳳被套及枕頭一對，另準備兩副綁紅線的碗筷，除婚後可用外，也代表衣食無缺。

■ 今日交通便捷，嫁妝也相對精簡，多隨新娘陪嫁至男家。

15　此處所指並非當事人一定必備這些嫁妝，而是筆者訪談婚禮用品社，以及觀察到多數新娘按舊俗慣例會準備之物品。

（三）化妝箱：新娘梳妝用品，亦有於裡面放緣粉、春仔花。

（四）裁縫盒：包括剪刀、針線包、鴛鴦尺等，象徵新娘會
裁縫，好女德。

（五）子孫桶：舊時包括腰桶、腳桶、屎尿桶等，今多以大、
小紅色塑膠臉盆或塑膠澡盆替代。

（六）盥洗用具：包括牙膏、牙刷、漱口杯、毛巾等盥洗用
具。

（七）洗衣用具：洗衣板、洗衣粉、衣架等。

（八）生活用具：如鞋子、拖鞋等物品。

（九）生子椅：竹椅或圓形小板凳。

（十）茶具組：包括茶杯、茶盤等。

　　此外，部分新娘還會準備小火籠（象徵夫妻感情如火爐般熾熱），芋頭、蓮蕉花等好寓意的植物，以及紅圓、甜米糕等。其中甜米糕需準備一大一小，大塊米糕分送給男方親友，但要切一小塊給女方帶回；小塊則放新房，米糕以糯米與糖製成，甘甜有黏度，藉以比喻夫妻感情甜蜜，如膠似漆。另一說是因為舊時交通不

■ 舊時的子孫桶今多以塑膠澡盆替代。

臺南嫁娶禮俗

■ 據說舊時新娘會抱真的火炭籠上轎，今日多將小火籠放置於新床旁，有象徵夫妻感情熾熱外，也有興旺之意。

■ 女方準備甜米糕讓男方帶回去分送親友，有些還會準備米糕頭讓新郎新娘在房間裡吃。

便，加上婚禮儀俗繁冗，娘家擔心女兒餓肚子，於是準備米糕讓女兒果腹，同時顧及禮貌，會多準備一份讓女兒帶過去給男方分送親友，也分享喜氣。

三、結婚迎娶程序

1.祭祖

新郎父母陪同新郎燃香祭祖，告知祖先即將準備出發迎娶，祈求保佑順利。

2..迎娶

男方以雙數的禮車（通常為6、12輛，依伴娶、伴嫁人數而定，現代亦有人以3輛禮車，取其與「善」同音），通常第一輛為前導車，第二輛為新娘禮車（新娘禮車不可在第4輛，媒人前座，新郎後座），且每部車在出發前都要坐偶數人，擇吉

■ 舊時以花轎迎親，今日改以禮車迎娶，禮車以雙數為佳，且迎娶過程不可走回頭路。

■ 男方前往女方迎娶人數也以雙數為宜，6、10、12人皆可。

時出發前往女方迎娶，事前也應規劃好路線，[16]去、回程最好能安排不同路線，代表不會走回頭路，而迎娶車隊在途中，若遇轉彎路口或橋梁，前導車都要燃放禮炮以驅邪避凶。

3.請新郎（拜轎）

禮車抵達女家門口，女方燃炮迎接，並請舅子（或男童）

■ 禮車抵達後，由舅子或女方家孩童捧橘子或蘋果迎新郎下車。

---

16 男方於迎娶前要於車上貼上「喜」字，門把繫上紅色系彩帶，新娘車再加二條大紅帶及車綵或鮮花等放置於引擎蓋上，於迎娶前一、兩天可親自開車勘查路況，確認有無施工或喪家，是否需要更換路線。

捧橘子（或蘋果）請新郎下車，新郎下車摸一下橘子（或蘋果），並給男童紅包作答禮，然後進入女家客廳。

4.送「轎斗圓」

部分人家會由媒人送上「轎斗圓」（過去以 1 斗 2 升的米製成的圓仔粞，今有以湯圓替代），象徵甜蜜圓滿，也有以蘋果取代「轎斗圓」，而部分人家此俗則省略。

5.插春仔花（新娘頭花）

新娘在出嫁時需在頭上簪春仔花，[17]或稱新娘頭花，形式多為石榴花，取意石榴多子，有祝福新人開枝散葉、子嗣綿延；此外南部亦有插稻穗、艾草與菖蒲，各有其象徵意義，稻穗飽滿多

■ 於新娘頭上插稻穗，象徵夫妻子孫滿堂、衣食豐榮，不愁吃穿。（李宗龍拍攝）

■ 澎湖人俗信，於新娘頭上插硃砂筆，有避邪鎮煞之效。（曾佛賜提供）

17　新娘頭上除春仔花外，部分地區還會插上其他吉祥或避邪物，如澎湖之俗，新娘於頭上會插上硃砂筆，據說可鎮魔驅邪、保護新娘。

籽，象徵夫妻子孫滿堂、豐衣足食、不愁吃穿；艾草能避邪治疫病，菖蒲據傳能制毒、招百福，兩者皆有昌盛、祈求身體健康之意。新娘坐著並踩凳子，由母親或好命婆為新娘插上稻穗與春仔花（右邊髮上），同時並口唸吉祥話。

6.討喜、請新娘

原本是待新娘裝扮完成，新郎將捧花交給新娘後，媒人將新娘牽出廳堂，稱為「請新娘」。時下新人在請新娘時，通常新娘的閨中密友或姊妹、伴娘等會故意提問題阻攔新郎，待新郎通過考驗順利進房見到新娘，才能迎娶。如此戲弄新郎的形同闖關遊戲，成為今日的「討喜」儀式，可視為請新娘儀式的變遷，也增添迎娶時的歡樂氣氛。新郎見到新娘後將捧花交給新娘後，再為新娘穿上新鞋，媒人或好命婆將新娘牽出廳堂。

■ 今日的「討喜」儀式，可視為請新娘儀式的變遷。

■ 討喜是近年發展出來的新儀式，不但測試男女雙方默契，也增添迎娶時的歡樂氣氛。

臺南嫁娶禮俗

■ 通過伴娘們的「重重考驗」，新郎才能順利
將捧花交到新娘的手上。

■ 新郎親自幫新娘穿婚鞋，據說
能「婦唱夫隨」，新郎才會跟著
新娘的腳步走，幸福長久。

7.食湯圓

　　舊俗於迎娶當天或前夕、數日，新娘要與家人及兄弟姊妹
圍桌吃團圓飯，稱「食姊妹飯」，今稱「食姊妹桌」，有餞別之
意。今日食姊妹桌之俗幾乎已不存，但有於結婚前一日全家共
進晚餐，或結婚當日早上新郎前
來迎娶前與兄弟姊妹共食湯圓

■ 迎娶當日女家製備湯圓。（陳志昌提供）

■ 現今有以豬腰或豬心替代，或
許可視為食姊妹桌之遺俗。

（或豬心），據說吃湯圓有圓滿之意，豬心代表新人同心，亦有人以豬腰（腰子）替代，象徵互相扶持、夫妻相好，或許可視為食姊妹桌之遺俗。

8.辭祖、拜別父母

新娘的母舅（或女方長輩）點燭燃香，新郎新娘以男右女左之姿面向神案，上香拜祭神明與祖先。隨後新娘（或新郎新娘兩人）向父母行叩拜禮辭別父母，感謝父母的養育之恩，並接受父母的勉勵與祝福，新娘也離情依依話別父母。

■1 嫁女是家中大事，通常父母會與新人一同焚香祭告祖先。（陳惠堅拍攝）

■2 「婿心新好合，女心生別離」新郎因結緣而感到欣喜，新娘卻因要離開父母家人而心生惆悵。（李宗龍拍攝）

■3 寸草心雖切，難報蓼莪慈，出閣在即，新娘拜別父母，感謝雙親撫養恩德。

臺南家娶禮俗

■ 牽裾未忍別,玉箸濕紅脂,
想到自此將離開父母家人,
新娘忍不住落淚。

■ 嫁兒日回憶生兒時,新娘拜
別母家依依離情,女方家人
更是難掩不捨之情。(李宗
龍拍攝)

9.遮頭紗

　　父母親自為出嫁的女兒蓋上頭紗,媒婆在旁唸道「紗仔巾
掀過來,添丁大發財」、「紗仔巾崁頭前,子孫代代出人才」,
父親親手將女兒交給女婿,新郎就迎娶新娘出門,新娘在走出
家門時不可踩到門檻,以免對女方不吉利。

■ 在重要的一刻,父母親手為女兒輕罩頭紗,
送女出閣。(陳惠堅拍攝)

■ 今日的遮頭紗如同舊俗的蓋頭蓋,亦可視
為是關愛與保護的動作。

10.繫「透腳青」

將「透腳青」（又稱「拖青」）繫於禮車上，此源於古代桃花女鬥周公的故事，據說可避「白虎星煞」，舊時以帶頭尾的青竹，上繫豬肉，現在多以連根帶葉的甘蔗替代，甘蔗甘甜有節，有祝賀新人節節高昇，甜甜蜜蜜之意，也象徵有頭有尾。不過，今日也有人將此俗省略。

11.搬嫁妝

男方伴郎將新娘嫁粧依序搬上車，炰路雞（帶路雞，今多以小雞擺飾替代）擺前導車或新娘禮車，若有子孫桶（以臉盆象徵性替代）[18]則放於尾車。

12.遮米篩（過米篩），上禮車（出閣）

媒人或新郎手拿八卦米篩（有身孕者用黑色雨傘），遮於新娘頭上護送新娘上車，不見天日

■ 目前普遍是以一對帶頭尾青的甘蔗替代透腳青，祝賀新人高昇甜蜜。

---

18 據筆者觀察，有準備「子孫擔」者，內容物為大、小臉盆、女方鞋子、拖鞋各一雙、盥洗用具等新娘的生活用品。

臺南家娶禮俗

■1 源自古時候新娘上不見天、下不著地
的習俗，今日新娘出嫁時仍以米篩遮
頭避邪擋災。

■2 若新娘有孕在身，為怕八卦傷及胎兒，
因此改以黑傘遮天。（陳志昌提供）

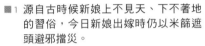

■3 婚禮所使用的米篩必須為新品，上以
朱筆繪太極八卦及添丁進財等吉祥字
句，有避邪擋煞、祈求吉慶之效。

也避免與天公相沖，表示禮敬。新娘上車後，新郎由另一車門
上車（男左女右），再將八卦米篩掛或放於禮車後方（或由媒
人拿在手上），用以驅逐路上之不祥。新娘出閣時需留意避免
踩到門檻，上車坐定後不可再移動更改位置，也不得回頭看。

13. 丟扇子

禮車啟動後，新娘即將扇子往車窗外丟擲，除有「放性地」
之意外，另一說為「棄姓」，即自此後改從夫姓。[19]再由娘家弟
妹（或母親）來將扇子撿走，有「留善（扇）給娘家」、或與娘
家「感情不散」之意。

---

19 訪談專業媒婆吳秀緞。

■ 結婚當天新娘要丟扇子，表示把任性的小姐脾氣放下。

■ 新娘家人隨即撿回扇子，有留善給娘家之意。

14. 潑水

　　禮車啟動後，女方應鳴炮示吉避邪，新娘母親往門外潑灑一盆水，以示嫁出去的女兒如同潑出去的水，不要再回來或改嫁之意，原有要女兒自此身為夫家人，死為夫家魂。隨著時代變遷，現今嫁女時已愈來愈少看到這項禮俗，尤其疼惜女兒的臺南人，會為女兒預留退路，多數已不潑水，大有「嫁出去並非從此與娘家絕裂」之意，女兒永遠是自己的，若婚後在婆家

■ 現代父母疼惜女兒，潑水習俗已多省略。（林志安提供）

過得不如意，娘家仍是女兒最終的依靠，仍歡迎女兒回來；而少數仍行潑水之舉的人家，媒人也會於一旁說好話，祝福女兒「潑水是潑上車，查某子嫁過是好名聲，有事後厝是攏底遮」。過去，「出嫁女兒猶如潑出去的水」有斷開娘家之意，但實際上，潑水有消災、洗淨之意，也蘊含了娘家人的祝福，因此在今日也有不同的詮釋，較普遍的說法是女兒離開娘家，嫁為人婦，便要將心思放在婆家，不可再凡事依靠娘家，希望藉此勉勵女兒能堅強面對自己的婚姻與人生。不過無論是何種詮釋，都可見父母對女兒的愛溢於言表。

15. 報喜燃炮

在禮車即將抵達男家前，男家便要燃放禮炮，告知新娘車即將到達，抵達後也要燃炮以示歡迎。

■ 禮車抵達前，新郎家要燃炮迎接。（王素滿拍攝）

16. 迎新娘

男童端橘子（或蘋果）請新娘下車，新娘回贈紅包，下車時同樣由媒人持米篩或「黑傘」遮頭護送。[20]由於民間俗信結婚當天新娘喜氣重，為避免相沖引起日後不合，因此新娘下車時，男方父母以及生肖屬虎者皆須迴避。

■ 男童端蘋果請新娘下車，新娘必須壓紅包討吉利。

17. 撒緣粉（鉛粉）

在新娘入門前，媒人先進屋內撒緣粉。緣粉即是鉛粉，因為「鉛」與閩南語「緣」諧音，因此藉由撒鉛粉希望新娘與夫家情深緣厚，恩愛和諧，獲得婆家喜愛。

媒人取緣粉從大門、大廳一路撒到新房，邊撒邊唸道：「人未到，緣先到；入大廳，得人緣」、「鉛粉膨膨英，錢銀財寶滿厝間」、「緣錢撒高高，新娘生子做立法委員」、「媒人緣份分乎透，

20　到新郎家後米篩或黑傘必須放在新房的衣櫥上方。

新婦入門是疼透透」等吉祥話，希望新娘入門後有人緣，此外，也藉由緣粉儀式通知公婆、妯娌或姑輩及當天沖到生肖的人先行迴避。而緣粉也不能全部撒光，需剩一些，俗語說「有緣有錢攊有賰（tshun），新婦年底緊生孫」。

■ 媒人於新娘進屋前先施灑緣粉，祈求新娘進門後能得婆家的疼惜。

18.過火爐、踩瓦片

男方於大廳門檻前置一個燃炭的火爐（烘爐），新娘跨過火爐並以腳用力踩破瓦片，媒人婆於一旁唸：「瓦破，人無破；瓦破，錢銀拄到厝頂蓋」、「瓦破人無破，破瓦無破人，破外無破內，新娘入門攏無破」，象

■ 新娘入門前踩破瓦片，又稱「破外口」，有破穢之意。瓦片必須為新，多選紅土燒製的瓦片，比較容易踩碎。

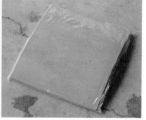

■ 過火除被視為是一種破煞、潔淨的儀式，也有繁衍蔓延的意味。

■ 新娘用力踩破瓦片，象徵瓦破人不破，也有驅邪之意。

徵過火與破煞之意；此外「生炭」和閩南話「湠」（thuànn）音同，有繁衍蔓延的意味，也有象徵人丁昌旺。此時媒人於一旁唸：「入門踏瓦全家攏勇健，入門踏火才會有傢伙。」現在過火爐也有另一說，意指希望新人感情如火爐般溫度不退，常保熱情。進大廳時，新人也絕不可踩門檻，應跨過門檻，以免沖犯。

19. 新娘入廳堂

新郎偕新娘進入廳堂，媒人婆在一旁唸道：「新娘帶入門，金銀財寶滿滿床；新娘帶入廳，新郎好名聲。」

20. 祭祖

舊時於新人進房前，還有「拜堂」儀式，但今日多無此俗。新人在新郎父母的陪同下祭祀神明與祖先，[21]稟告已將新娘迎娶回來，並祈求神明祖先庇佑新人婚姻圓滿，早日開枝散葉。有些人家祭祖儀式則會先進房，再祭祖（端視進房時辰而定）。

21. 進房坐財庫

依吉時在好命婆陪同下新人入洞房，進房時，有先讓

■ 迎娶進門後，新人焚香祭告神明與祖先。

---

21 祭品大致準備紅圓、發粿、糕仔、禮餅、四色糖（下聘時女方退回）、鮮花素果、茶或酒、金香禮燭等。

■ 新人並肩坐在鋪有長褲的椅　　■ 男儐相幫忙把嫁妝搬進房。
　子，有「翁某坐財庫，金銀
　滿庫」之意，也比喻夫妻同
　穿一褲，休戚與共。

焉路雞進房之俗，代表「起家」，亦有於新人歸寧從娘家返回時再帶回。新人進房後，由男方儐相將子孫桶及嫁妝搬入。新人進房後坐在預先墊有新郎長褲（褲子口袋或下方放紅包）的椅子（部分還會請命理師擇定椅子方位），稱「坐財庫」，而媒人於一旁唸：「新娘官牽入房，子婿代代出賢人」、「新郎新娘同齊坐，入門金銀攏有賭」、「翁某全心坐財庫，金銀財寶滿金庫」。而新郎、新娘並肩而坐，也象徵夫婦穿同一條褲子，代表此後同心協力，榮辱與共、有財有庫。[22] 進房後，新人暫時不可坐新床，據說以免觸碰新娘的花欉位，導致日後難孕，而新

22　結婚當天，任何人皆不可坐新床，新娘更是不能躺下，以免一年到頭都病倒床上。

娘也不能躺下，以免一年到
都臥病在床。

22.掀頭紗

新郎揭開新娘頭紗。

23.食新娘圓

臺灣舊俗，於婚禮時即
有吃湯圓之俗，如據鈴木清
一郎《臺灣舊慣冠婚葬祭と
年中行事》記載：「新郎新
娘坐在洞房裡的椅子上，相
對而坐，並開始『食圓仔』，

■ 入新房後，新郎掀起新娘子頭紗，期
待看到新娘最美的一刻，也寓意兩人
將展開全新的生活。

食湯圓時最先是新郎新娘在各自的碗裡挾一個吃，接著新郎新
娘互相交換碗再挾一個吃，而且挾的時候都要由『好命婆』挾

■ 禮俗上多由好
命婆（或媒人）
餵新人吃湯圓。

■ 也有新人相互餵湯
圓，更為甜蜜。（王
素滿拍攝）

臺南嫁娶禮俗

給他們吃。」[23] 可知日治時期此俗仍存。臺南舊俗多由好命婆餵食桂圓棗子湯圓給新人吃，亦有新人互相餵食湯圓，象徵早生貴子、幸福圓滿；而現在亦有以豬心

■ 古時以合巹為結婚之禮，現在多於婚宴中，新郎新娘兩人交杯共飲。（陳惠堅拍攝）

（象徵夫妻知心同心）或豬腰（象徵互相扶持、夫妻相好）等吉祥菜替代。

24.合影留念

現今多數新人於結婚當日多半都會聘請專業攝影師拍攝整個迎娶

■ 新人為一生一次的婚禮留下珍貴的畫面。（王素滿拍攝）

■ 現今工商社會繁忙，婚禮也成了親族間齊聚一堂的最佳時機。

---

23 鈴木清一郎，《臺灣舊慣冠婚葬祭と年中行事》（臺北：南天，1934），頁179-180。

過程，為一生一次的婚禮留下珍貴紀錄，通常於迎娶程序圓滿後，合拍家族合照或全體合照作為留念。

25.宴客（食酒婚桌）

喜宴起源甚早，據《禮記》〈曲禮〉記載：「為酒食以召鄉黨僚友。」[24]與「賀取妻者，曰：『某子使某，聞子有客，使某羞。』貧者不以貨財為禮，老者不以筋力為禮。」[25]孔穎達疏：「子既召賓客，或須飲食，故使我將此酒食以與子進賓客。」[26]可知早於春秋時代便有婚禮宴客。

臺灣的婚宴承襲古儀，由男方準備酒席宴請親朋好友，而前來祝賀的賓客則以禮致之。[27]舊時宴客只請至親好友與左鄰右舍，喜宴多半於自家舉行，主家聘請「總舖師」（tsóng-phòo-sai，即大廚）前來掌廚，稱為「辦桌」。部分鄉下地區如喜樹、灣裡……等地娶媳婦甚至還會全庄動員，幫忙殺雞宰羊、搭布棚、擺桌椅、以及張羅辦桌時所需的鍋碗瓢盆，甚至支援做二廚、雜工，協助煮食。通常大廚會事先開好菜單以及油米糖醋等明細，由主家備妥材料，待總舖師到後再烹調。據耆老口述，有些偏遠山區的人家辦喜事，總舖師甚至還要帶棉被到當地過夜，[28]且早期總舖師個個身懷絕技，手腳俐落，往往在短時間內便能料理出上百道美味佳餚，經驗豐富的總舖師甚至對婚

---

24 中國哲學書電子化計劃 https://ctext.org/dictionary.pl?if=gb&id=9512#s10043965
25 漢・鄭玄注、唐・孔穎達疏、李學勤編、龔抗雲整理，《禮記》〈曲禮〉十三經注疏：整理本》第21卷（臺北：五南，2001），頁62-63。
26 同上註，頁63。
27 今日臺灣民間禮俗，喜宴進行時，凡孕婦或新婚、生產未滿4個月的人應避開，以免造成「喜沖喜」的情況；而服喪期間者也不宜參加。
28 訪談府城耆老施元興。

■ 辦一桌豐沛（phong-phài）好料，展現主人家盛意，辦桌已成為臺灣十分具有特色的文化。

■ 早期辦桌並無菜單，今與時俱進也設菜單列菜色。而上菜順序亦很講究，如部分地區仍有吃完半桌便離席之俗，故半席時便上果品，也做為區隔。

■ 湯圓象徵圓滿、團圓，在整個婚禮過程中是廣被運用的儀式性食物。

宴的菜色典故還瞭若指掌，能細數一番！「辦桌」形式於日治時期後期逐漸形成較為豐富的辦桌文化，延續至戰後，特別是戒嚴之後與人民經濟生活好轉，更成為婚喪喜慶中不可或缺的一環，一度甚至每桌有十幾道大菜、2至3道點心的豐富菜色，可想早年辦桌風氣之盛。現今一般婚宴多以10或12道菜式，以有好意兆的食材（如雞、魚）烹煮，並避忌某些寓意不祥的食材（如鴨與「壓」、「押」同音），菜色大致包含有全雞料理（有「起家」之意）、魚（祝福新人成家後「有餘」）、龍蝦（祝賀新郎生龍活虎，亦有「龍鳳呈祥」之意）、豬肚（祝福子孫大地步），而甜點則多見湯圓（寓意圓滿）或紅棗、桂圓（早生貴

子）……等。

　　隨著時代與民眾生活型態改變，婚宴場地也由過去自家門口或附近巷道、廟宇廣場，轉而於餐廳舉行。尤其社會開放後，人際互動網絡增加，相對宴請的賓客與桌數皆較多，如民國70年代臺灣經濟起飛後，一般家庭宴客通常可達20至40桌不等，社經地位較高者則席開數十桌甚至逾百桌皆有；近年則因經濟不景氣、宴席成本高漲等因素，新人考量預算因此又有稍降的趨勢。

　　1990年代，國際知名連鎖飯店陸續進入臺灣，引進歐美餐飲管理與技術人才，這些飯店不僅提供住宿與餐飲，同時包含會場布置、蜜月套房、禮車接送等服務，也開啟臺灣新的婚宴模式，最初選擇飯店作為婚宴場地的消費者多為身分或經濟能力較高者，後來逐漸普及到一般民眾，婚宴市場也從外燴、流水席轉而於飯店舉辦，成為一股風潮。

■ 跳脫了早期辦桌「大碗便宜又滿意」，轉而成燈光美氣氛佳的型態，婚宴會館或飯店成了近代婚宴主流。

現今有不少新人選擇於婚宴會館或飯店舉行婚宴，不但有專屬的宴客空間，也增加許多額外服務，從花藝、拱門、氣球等會場布置到整體氛圍的設計營造，甚至連舞臺空間、婚禮流程、餘興節目等都包辦，更甚者還有婚宴包套（wedding package）結合婚禮與宴客所有相關事宜，一條龍式的規劃，不但省卻新人籌備婚事的繁忙，也符合新人一生一次對婚禮的憧憬與需求，更讓多數娶媳婦、嫁女兒的長輩感到體面，也成為現在婚宴的主流。

　　婚宴的意義除了分享新婚喜悅，藉由公開宴客儀式更有

■ 近年來，許多飯店包辦婚宴之餘，也規劃並引導新人的婚禮儀式。

■ 目前有婚宴包套，從婚禮流程到會場氣氛營造、宴席等都完善規劃，頗受時下新人喜愛。

「宣告」之意，在儀式中宣布已有歸宿，也讓新人有更完整的心理調適，開始適應新的身分，也更確立雙方關係。

26.食「新娘茶」

完婚、宴客完畢，臺南地區還有食「新娘茶」禮俗，[29]因為已經完成婚禮，便是男方家的人，男方家的長輩與親友會前來祝賀，此時新娘要端甜茶敬奉，希望藉由奉茶儀式認識長輩並讓長輩留下好印象，從此受到宗族長輩們的疼愛。

食新娘茶禮俗繁簡不一，入座食新娘茶除了公婆外，大部分都是新郎的長輩親戚，人數上並無固定或限制，儀俗簡單者僅有公婆食新娘茶，亦有親

■1 婚宴儀式除了與眾人分享喜悅外，更有「宣告」雙方關係之意。

■2 喜宴完畢，新人端著盛有香菸、喜糖之茶盤或檻籃於門口送客。（李宗龍拍攝）

■3 宴客形式愈來愈多元，亦有不少新人選擇歐式的庭園婚宴，為婚禮增添浪漫氣氛。（曹馥年提供）

---

29 部分於新人祭祖後敬茶。

臺南嫁娶禮俗

戚多人、甚至十數人食新娘茶。新娘由媒人陪同，端著茶盤，
依照親戚輩分與親疏順序，逐一向長輩敬奉甜茶，媒人則於一
旁居中介紹親戚，並唸四句聯吉祥話，如「茶盤圓圓，甜茶甜
甜，兩姓合婚，冬尾生雙生」、「新娘捧茶手正正，房間出來蓮
步行，一杯好茶來相請，致蔭翁婿早出名」，長輩於喝完茶，
新娘收回茶杯時要將事前準備好的紅包給新娘，而新娘也必須
回禮，稱為「敬茶禮」，按慣俗公婆及男方的直系長輩通常多
以金飾作為回禮，而其餘長輩親戚則多為生活物品，如：香皂、

■ 1 「纖纖玉指捧金卮，八盞甘香勝武彝。」由新娘所奉的茶由於意義非凡，長輩喝起來也覺得特別甘甜。

■ 2 新娘回贈禮物給每位食茶的長輩與親友。（李宗龍拍攝）

■ 3 新娘送給公公婆婆的禮物通常是具象徵性或紀念價值的禮物或金飾。

沐浴禮盒等。

27.鬧洞房

舊俗有「吵新娘」、「鬧洞房」，今日也有鬧洞房之俗，多由新人友人帶頭發起，如出題考驗新人，或進新房賀樂或戲鬧新人，由於現在婚宴多在餐廳或飯店舉行，因此也有將鬧洞房的戲碼改在新人敬酒時上演，是增添婚禮的歡愉氣氛，也成為新人婚禮中特別的回憶。

【禮俗外的準備】

現在的婚禮，通常在結婚前，男女雙方還會有一些禮俗外的準備，包括：

1. 確定婚宴地點

確定宴客形式、婚宴地點與菜色，確認邀請賓客數量及桌數，如遇結婚旺季須提前確定酒席。

2. 印、發喜帖

確定喜帖樣式、文書內容並發包印製；通常喜帖印製數量以多於宴客人數10%為準。

3. 確定賓客名單與人數

預計邀請賓客人數與名單，並預估出席人數。

4. 喜餅選擇

選擇款式與口味，致送之親友名單與數量。

5. 婚紗拍攝

拍婚紗照，為兩人的幸福時刻留下紀念。

臺南家娶禮俗

6. 挑選結婚禮服、化妝造型

包括禮服租借及造型化妝，以及相關結婚用品（如捧花、胸花等）確認。

7. 確認婚禮協助人員

邀請證婚人與介紹人、安排婚禮協助人員，如伴郎、伴娘、花童、招待、禮車司機、婚禮引導人員、攝影及錄影人員等的工作分配。

8. 確定婚禮流程

婚禮當日流程安排。

8. 規劃蜜月旅行

確認蜜月地點、行程與相關事宜，早期蜜月多於國內知名景點如溪頭、墾丁或環島，今因國民所得提高且出國旅遊風氣普遍，新人蜜月多選擇國外旅遊。

9. 健康檢查

安排健康檢查，讓雙方在步入婚姻前，能夠瞭解彼此的身體狀況，也為孕育優良下一代做準備。

10. 辦理結婚登記

至戶政事務所辦理結婚登記，亦可於婚後前往辦理。

第三節　婚後歸寧

舊時臺南婚後禮俗繁冗，於婚後 3 日廟見，祭拜祖先，次

拜舅姑（即公婆），並與叔伯兄弟等家人，依次相見；之後新婦還要下廚做飯，孝敬公婆，並作為從事家務之始。而娘家的兄弟也要來探訪新婦嫁後的起居情形，是為「舅子探房」，順便行換花儀式。婚後第 4 日新人返回娘家「會親」，由娘家父母宴請女婿；婚後 12 日或 1 個月再度回娘家「作客」；至出嫁後的第一年夏季則有回娘家「歇熱」（hioh-juah/hioh-luah）之俗。[30] 現今因社會型態轉變，婚後禮俗也已簡化到舅子探房與歸寧。[31]

一、舅仔探房、點燈

「探房」習俗源自傳統社會對女性貞操的重視，新娘娘家的兄弟（舅子）在新娘嫁做人婦後，到男方家拜訪探知新娘是否完璧之身，同時也探視新人起居，若男方在婚後發現新娘並非完璧之身，便會在舅子探房時質問理由，而若無任何異狀則熱情款待並會準備禮物讓舅子帶回。根據臺灣傳統禮俗，婚後 3 日新娘的兄弟會帶著餅、雞與甘蔗等禮物以及紅花到男方家拜訪，除探視新娘在夫家的狀況，並致送邀請新郎、新娘回門歸寧的帖子，順便將帶來的紅花（通常以結子的花，有祈求早日生子的好兆頭），換取新娘頭上原來插的花，稱為「換花」；同時提「新娘燈」進去探房，因為「燈」閩南語與「丁」同音，有添丁之意。

---

30 關於舊俗婚後禮，詳見第三章第三節。

31 筆者於此處所指為今日較普遍的禮俗，然而根據筆者訪談，於部分鄉下地區，仍有新婚翌日新娘需奉茶給公婆，向公婆請安，以及祭祀神明祖先之俗。

社會型態改變，現今交通便捷，加以男女兩家婚前幾乎都已見過面甚至熟稔，因此舅子探房多於結婚當日進行，甚至已將此俗省略。少數地區如歸仁、仁德、安平等地區仍可見此俗，或隨主家意思決定是否探房，若仍行此儀，於舅子探房離開時，新人的父母仍須致贈禮物或紅包給舅子。而隨著民眾價值觀的轉變，現代社會對女性婚前的貞節不若以往重視，舅子探房也有了不同的詮釋，藉此知悉新人對新婚生活是否適應圓滿，是娘家對出嫁女兒的關懷，也藉探房傳達新娘並非嫁了就與娘家脫離，還是有娘家的支持與倚靠。

　　今日舅子探房多於結婚當天晚上進房或於迎娶新娘進房坐定後時進行，換花之俗多已省略，新娘的兄弟提「新娘燈」（或稱「舅子燈」，今多以小型桌燈替代）進洞房，並將燈打

■ 早年社會封閉，舅子探房乃為得知新娘是否完璧，也探視新人起居；今為形式上的習俗，關懷與祝福意味濃厚。

■ 舅子進房點燈，希望為新人帶來「添丁」的好兆頭。

開（點燈）同時唸道：「舅子進燈，新人出丁」等吉祥話，祝福新人早日得子，而探房結束後，新人則要回禮紅包與喜糖。

二、歸寧（回門）

「歸寧」一詞，最早見於《詩經》〈國風・周南・葛覃〉：「言告師氏，言告言歸。薄污我私，薄浣我衣。害浣害否，歸寧父母。」為女子思念父母，寧問父母安否。原所指可能為「回家慰安父母」亦或「出嫁以安父母之心」，而後成為出嫁女子回娘家向父母問安的禮俗。「歸寧」於中國歷代名稱不一，宋代稱「拜門」，如據孟元老《東京夢華錄》〈娶婦〉記載：「婿往參婦家，謂之拜門。」指婚後新郎與新娘同去拜望女方父母，次日便拜，稱復面拜門；清代則南北稱呼不同，北方稱「雙回門」，南方稱「會親」，此於《重修臺灣府志》等臺灣舊志中也可見相關之記載。至近代於婚後有「三朝回門」之俗，即在婚後第3天，新人攜帶禮物往娘家省親、祭祖，女家則於中午設宴請客，稱為「請女婿」，有「成家不忘娘家」之意，同時也是女婿向岳父母表示感恩戴德之意。

歸寧是婚後第一次回娘家，又稱「回門」、「作客」或「轉外家」。[32] 受到中國傳統父系社會的影響，女子於出嫁後便脫離原生家庭，成為夫家的人，加上古時交通不便，所以並不能隨時回娘家。以臺南為例，舊時城內（指府城內）女子出嫁後僅

32　據《臺灣語典》卷三〈外家〉條記載：「『外家』為女子謂其母家，婦人謂嫁曰『歸』；故歸寧謂之作客，猶言以客禮待之也。」（連橫，《臺灣語典》（臺北：臺灣銀行經濟研究室，1963），頁65。）

在過年期間（大年初二或初六、初七）、歲時節慶，或為父母祝壽、奔喪等重要日子或有重大事情時才能回娘家，所以才有以棺材作為嫁妝之俗；而女兒出嫁後與娘家聯繫少，娘家亦會擔心女兒在婆家的處境，因此當外孫到了16歲成年時，娘家為捍衛女兒在婆家的地位，也鞏固自己跟外孫的關係，便藉機前往「相挺」（thing），由外婆家出錢打造金飾，贈送衣服、鞋帽等禮物，並製作紅龜粿四處分送親友，隆重其事的程度，因而有「外媽粿，四界挨」（sì-kè-e）之俗諺的產生。[33] 正因舊時女子出嫁後很少有機會回娘家，因此對於歸寧更十分重視，歸寧除了是女婿拜見岳父母之儀，對整個家庭而言，也是出嫁女兒第一次返家與父母團聚，並正式由「女兒」轉變為「人婦」的身分，所以女方家通常也會慎重準備酒席宴客（通常於中午），稱為「歸寧宴」或「請女婿」。

歸寧日期各地不盡相同，有於婚後3日、6日、9日或12日，也有滿一個月時才回門，今因交通方便，多改於結婚後第二天或隔週進行，女家並於當天舉辦酒席，宴請女婿及親友，稱為「歸寧喜宴」。一般而言，臺灣南部歸寧喜宴通常於結婚翌日，北部則多將訂婚與歸寧宴同一日舉行（臺南地區老一輩俗稱的「北部禮」即是），而隨著工商社會，民眾普遍忙碌，或因女方歸寧所宴請的賓客不多，擔心場面不好看，今也有簡化禮俗，將結婚喜宴及歸寧喜宴一起辦，更增添熱鬧氣氛與面子。

歸寧當日，新人一早攜帶禮餅、米粩等糕餅與酒為禮回娘

33　訪談府城文史前輩鄭道聰先生。

家，祭拜祖先與神明，中午或晚上由女方設宴款待女婿與親友，席間還要介紹女方親朋給新郎認識，而早年新人成婚4個月內不可在外過夜，席畢便返回，今已不嚴守此禁忌，多數新人仍於酒席後隨即返家，部分遠程的新人則會留住數日。返回時，娘家也要回贈寓意吉祥的禮物，包括一對毛路雞、連根帶葉的甘蔗2枝、米糕、紅圓（須為偶數）以及蓮蕉花、芋頭等，讓新人帶回，[34]祝福新人起家萬事興、多子多孫。歸寧為整個婚禮中最後一道儀式，婚姻大事至此也告完成。

■ 現今毛路雞多以一對公雞和母雞與多隻孵化的小雞和蛋來代表繁衍子孫的吉祥象徵。

---

34 現在也常見將毛路雞於結婚當天隨迎娶車隊一起送達新居，早年以真的雛雞，放置於床底，據說可卜測生男女，現在則以裝飾雞代替，擺置於屋內，有起家之意。

臺南家娶禮俗

▋第四節　當代婚禮形式

一、法制社會下的婚約

（一）簡約莊嚴的邁向幸福殿堂—公證結婚

近年來，有愈來愈多新人不舉行盛大婚禮也不宴客，選擇在法院公證結婚，相較於傳統的中式婚禮，公證結婚最大的特色在於省去繁瑣的婚禮籌備過程，但依然保有隆重的婚禮儀式，而在肅穆莊嚴的法院進行公證儀式，也多了份正式感。現在新人會選擇以公證方式作為結婚管道，大致有下列原因。

1. 快速簡便，公證結婚簡單隆重，可省去許多繁文縟節，但仍保有結婚的正式與儀式感。
2. 相較於傳統婚禮，公證結婚在經費上較為節省。
3. 嫁娶對象為外國人士，避免婚禮習俗或儀式上的差異。
4. 雙方父母反對新人締結婚約，或雙方對婚禮儀式沒有共識，故轉以公證方式完成婚禮。
5. 為避忌民間禮俗或禁忌，如民間俗信孤鸞年不宜結婚，或守喪期間急欲完婚等，便利用公證來化解。
6. 其他如宗教因素，或不具備辦理公開儀式之個人因素，如奉子成婚。

辦理公證結婚的前提條件，男性須滿18歲，女性須滿16

歲，[35]聲請方式為向各地地方法院公證處或地方公證人預約，公證結婚程序如下：

1. 選定公證日：

正常上班日均可選擇，若於假日辦理公證結婚者，則配合各縣市地方法院公告受理公證結婚之日期。

2. 預約公證：

於預定之結婚日前（通常為前3日，或依各地方法院規定）親自或委託親友向公證處辦理預約登記。預約登記時應攜帶男女雙方[36]及兩位證人的身分證正本（並備影本附卷）、最近一個月戶籍謄本與印章，以及公證結婚費用（非假日新臺幣1000元，例假日1500元）。預約完成，法院通知新人法官證婚的地點與時間。

3. 公證儀式：

新人穿著婚紗禮服或正式服裝（可自行斟酌是否穿婚紗，或新郎著西裝及皮鞋，新娘著正式裙裝），並攜帶婚戒與致贈證婚人的紅包，以及兩位見證人（若結婚當事人為未成年者須同其法定代理人等）親自到場，並提出身分證正本與印章，至公證處辦理報到並繳費。之後於公證結婚禮堂舉行結婚儀式，由法官為新人證婚，待儀式結束後，公證處交付「結婚書約公

---

35 若男年滿18歲，女年滿16歲但未滿20歲之未成年人，須攜帶法定代理人之國民身分證及印章，結婚日父母亦須親自到場，若無法到場，應事先陳明並提出其同意書及印鑑證明書。

36 外國人或華僑則應提出護照及其本國出具之單身證明書。

證書」正本2份及繕本1份。（供申請戶籍婚姻登記用）

　　公證結婚過程簡約又不失隆重，在法官的見證下於禮堂進行儀式更增添幾分神聖感，因此愈來愈受到新人歡迎，不過，所謂公證結婚是指「結婚書約」之公證，公證完成後雖然會發給新人「結婚書約公證書」，但卻無實質法律效力，新人仍必須相偕至戶政事務所完成結婚登記，才具結婚效力。

（二）從媒妁之言到法律為證，婚約效力的變化──登記制

　　臺灣的婚姻從舊時的仰「媒妁之言、父母之命」促成，婚禮多由父母或家中尊長主婚，於男方家中拜天地、祭祖先、拜父母後完成婚禮，即使並未完全遵照古時「六禮」進行，但至少須有媒人介紹及主婚人（通常為父母）的允諾，並舉行一定之儀式，否則便被認為是「私奔」，[37] 舊律對於結婚形式雖無明文規定，然而一切儀節自古沿襲，極其隆重，也可說是一種儀式婚。日治時期，受到歐美法律思想影響，日本立法採法律婚主義，婚姻須呈報戶籍而生效力，採呈報主義。直到1930年，依民法〈親屬〉第972條規定：「婚約，應由男女當事人自行訂定」，並於第982條規定：「結婚，應有公開儀式及二人以上之證人」，自此，媒妁之言、尊長之意不再是婚約的唯一效力，成年男女締結婚姻，開始有自主決定權，結婚也須公開舉行婚禮儀式，並有兩人見證婚禮，婚姻才具法律上的效力，即明文

37　部分參考自王泰升，《臺灣法律史概論》（臺北：元照，2009），頁91-92。

的「儀式婚」。原本，採行儀式婚主義，除期望當事人能慎重其事，更因為結婚影響男女雙方身分關係的變動，藉由結婚形式條件的規定——公開儀式與證人，來達到公告周知，公示婚姻關係之效。然而，儀式婚是以最低限度的形式要件，並無公權力介入，僅以公開儀式作為結婚的法定方式，不足以明確夫妻身分，公示效力薄弱，尤其容易衍生重婚等問題；且所謂公開儀式的標準，以及證人的身分、資格（主要指行為能力）等皆無明文規範，仍有認定上的疑慮，進而影響婚姻法律效力；加上當時離婚採「登記主義」，而結婚採「儀式婚」，導致若未辦理結婚登記卻要離婚者，必須先補辦登記結婚再同時辦理離婚的荒謬現象，徒增當事人困擾。礙於儀式婚的諸多缺失，直到 2007 年立法院三讀通過民法親屬編第 982 條修正案，將結婚改採登記制，並於自民國 97 年（2008）5 月 23 日起正式施行後，才讓行之多年的結婚制度產生重大變革。

按民法第 982 條規定：「結婚應以書面為之，有二人以上證人之簽名，並應由雙方當事人向戶政機關為結婚之登記。」[38]現行婚姻是以結婚登記為結婚之形式要件，也就是自民國 97 年（2008）5 月 23 日起，結婚當事人必須於國內戶政機關辦理結婚登記，結婚登記日起婚姻始得生效，具有法律效力。[39]其須具備重點條件說明如下：

---

38 全國法規資料庫 http://law.moj.gov.tw/LawClass/LawSingle.aspx?Pcode=B0000001&FLNO=982

39 參考內政部戶政司全球資訊網 https://www.ris.gov.tw/

1.以書面為之

即配合現行結婚登記制之規定，結婚應有當事人親筆簽名或蓋章（可不由當事人書寫）的結婚書約。[40]由於民法無並規定書約格式，只要內容能夠載明結婚雙方當事人身分，以及締結婚約、共同生活之意願，便符合法律規定以「書面為之」的意旨，因此無論是一般市售的結婚證書，或是自行繕打書寫皆可。

■ 辦理結婚登記的新人亦可採戶政事務所現成的「結婚書約」。

2.二人以上證人之簽名

民法為確保當事人雙方結婚的真意，因此要求二人以上的證人於結婚書約上簽名，由於婚姻是人生大事，仍得請具有行為能力的成年人、且願意負證明之責於結婚書約上簽名者擔任證人，今日新人通常會請父母或親朋擔任二人婚約的見證人。

3.由雙方當事人向戶政機關為結婚之登記

登記制的結婚形式，最重要便是透過公權力的介入，以完成婚姻的法定程序。由雙方當事人一同赴戶政機關辦理登記，

---

40 依據戶政事務所辦理結婚登記作業規定（102年12月6日修正）第5點第2項規定結婚登記之申請，戶政事務所應查驗結婚證明文件，在國內結婚者，應查驗結婚書約。

以有證人簽名的書面文件證明雙方已構成結婚的事實，並辦理結婚登記，俾使婚約生效，也讓婚姻獲得法律的保障。

從舊時的媒妁之言，到儀式為證，再到透過公權力介入使婚姻關係更具體明確，婚約效力的變化從過去由父母長輩主婚的「尊長權」，轉為建立於法理之上；從家族的認可到多了法律上的保障，也賦予終生共同生活為目的男女雙方，能受到社會的監督與認同，建構實質的權利與義務，有利於家庭關係的鞏固。

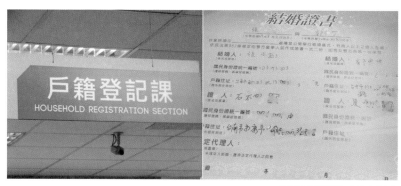

■ 登記制婚姻打破過去儀式婚衍生的問題與缺失，讓婚姻受到法律的保障。

■ 2008 年婚姻登記制上路後，要使婚約具有法律效力，結婚當事人一定要向戶籍所在地的戶政事務所辦理結婚登記。

臺南家娶禮俗

二、集團結婚

　　為省卻籌備婚禮的繁瑣，也有新人選擇參加集團結婚。臺灣的集團結婚（或稱「聯合婚禮」）行之有年，早自省府時代，為厲行節約，推廣婚禮勿鋪張浪費、辦宴席簡約，當時政府便於每年的5月與10月各舉辦一次集團結婚，而為鼓勵新人參與，凡參加集團結婚者，政府還贈送縫紉機、洗衣機、電視機……等家電，以及工具箱、醫療箱等俗稱「三機一箱」的家庭用品，給新人作為賀禮，當時吸引不少新人參與。

　　而後，集團結婚不僅各縣市政府辦，連宗教團體、民間寺廟與國營事業，如法鼓山、大甲鎮瀾宮、臺灣電力公司、南部科學工業園區（南科集團）等亦有舉辦，相較於自辦婚禮的繁雜瑣碎，集團結婚由地方政府或民間團體籌畫辦理，儀式盛大隆重，通常還安排各式活動與新人互動，活絡婚禮氣氛，且從婚禮的場地布置、流程、以至禮服等，主辦單位皆會事先安排妥當，參加的新人通常還可獲贈禮品，為婚禮增添一項附加價值，因此也頗受歡迎。參加集團結婚通常新人只需報名，再依主辦單位的輔導稍事準備，當天出席即可，由於動輒數十對甚至上百對新人參與，其證婚人也多由地方政府首長或政商名流擔任，場面往往十分體面熱鬧。

　　不過，自民國97年（2008）5月23日，結婚改採登記制度，新人只要到戶政事務所辦理結婚登記就具結婚效力，過去行之多年的儀式婚（公開儀式）成為形式，致使集團結婚風氣也不若以往，有逐漸降低的趨勢。而臺南市政府為鼓勵民眾結婚生育，也推廣國民節約婚禮，目前仍每年舉辦集團結婚，舉辦地

■ 集團結婚場面盛大熱鬧，因此頗受新人喜愛，圖為大甲鎮瀾宮所舉辦之聯合婚禮。（郭碧芬提供）

點從過去多於億載金城舉行，近幾年則移往奇美博物館，期望藉由華麗氣派的宮殿與濃厚異國氛圍，吸引準新人參與。

三、宗教婚禮

宗教婚禮多由信徒或教友舉行，藉由宗教神聖莊嚴的力量，以及信仰來為新人見證盟約，完成終身大事，在臺灣較常見者為佛化婚禮與教會婚禮。

（一）佛化婚禮

部分佛教徒（或父母長輩為佛教信徒），會選擇在佛前舉行佛化婚禮，不僅莊嚴，在佛前由高僧大德福證並宣誓，更讓新人感受婚姻的神聖與責任。佛化婚禮簡單隆重，新人事先行報名或登記，確定婚禮日期後，即可佈置禮堂等前置籌備事宜；

■ 新人應家人或長輩期望，舉行佛化婚禮。（曹馥年提供）

婚禮當日新人與主婚人、證婚人、介紹人等禮佛入席後，新人依序唱爐香讚、上香，由證婚人問話宣誓，新人行結婚禮，證婚人再宣讀結婚證書、為新人交換禮物，新人與主婚、證婚人用印後，向親友行敘見禮、唱佛化婚禮祝福歌，再由證婚人開示，待來賓致詞後，新人向眾人禮謝後禮成。新人父母與親友在佛化婚禮中，既分享新人的喜悅，聆聽三寶的加被與僧人法師們的祈福，也達到淨化心靈與家庭的功能。

（二）教會婚禮

在基督教與天主教傳入臺灣後，教會婚禮也成為臺灣婚禮中的一種形式，在教堂，證婚牧師或神父引用聖經經文勉勵新人，並在牧師會神父以及教友的見證下，完成婚禮。一般而言，教會婚禮儀式簡單莊重，程序大致如下，在父親或長輩的牽引

下，新娘走過紅毯入席，之後由教會（或教友、親友）組成的詩班獻唱聖歌、誦唸詩文祝福新人，再由牧師引用聖經經文，講道勉勵新人，之後依各教會規劃而有燃燭或其他儀式，跟著牧師在上帝見證下，詢問新人是否願意同甘共苦榮辱與共，攜手共度一生，新人互相允諾後，交換戒指，象徵愛情誓約；最後由牧師為新人祝福禱告，祈求上帝賜福新人。教會婚禮建構於雙方的宗教信仰，除新人互許終身外，更藉此宣告婚姻將在信仰中維繫。

■ 教會婚禮由牧師證婚，在莊嚴的儀式下體會婚姻的神聖使命。（洪英中提供）

■ 基督教婚禮中常見點「婚姻之燭」儀式。（洪英中提供）

臺南家娶禮俗

四、新興的婚禮形式

隨著時代改變，新人對自己婚姻大事自主性高，也不再侷限於制式的中、西式婚禮，2000 年後，全球化浪潮襲捲世界，網路與資訊的快捷便利，在流行風潮的引領下，愈來愈多年輕人擺脫禮教的束縛，傾向展現個人風格與特色的婚禮，各種創意婚禮逐漸出現，也反映當代社會與時尚潮流。

（一）主題婚禮

主題婚禮通常是以新人共通的興趣或喜好，或新人當初相識的事物為主題而籌畫的婚禮，不但提醒彼此應相互珍惜得來不易的緣分，更別具紀念意義，如有新人於生態環保團體擔任志工相識，便以環保為主題規畫婚禮，或以自身職業籌辦相關的主題婚禮。

（二）運動婚禮

運動結婚在近幾年十分盛行，甚至有成為潮流趨勢，通常是以新人彼此鍾愛的運動方式來完成結婚儀式，種類則五花八門，涵蓋陸上運動、水上運動及空中運動等，如單車婚禮、馬拉松婚禮、登山結婚、潛水結婚……等，透過運動讓婚禮呈現全然不同的面貌，也藉由婚禮讓運動有了嶄新的意義，成為現代最具代表性的另類婚禮之一。

（三）海外婚禮

海外婚禮（Destination Wedding）的概念源自歐美，在國

外非常盛行，由於結婚的地點是在海外，新人通常於婚禮進行期間同時度假，因此又稱「度假婚禮」。隨著國內婚禮相關產業（如婚禮顧問公司、婚紗業者、旅遊業）的興起，引進海外婚禮的服務，將繁複的禮俗、賓客邀請、與飯店宴客等結合蜜月旅行，甚至婚紗拍攝，既免去新人處理婚禮細節的繁冗，也讓新人締造別開生面且具有回憶性的婚禮，因此在臺灣蔚為風潮。

　　一般而言，海外婚禮多由婚禮顧問公司串聯婚禮相關業者，以異業結合方式統籌規劃，新人只需擬定好賓客名單，不須費神處理複雜的婚禮細節，而通常選擇在海島國家或海外島嶼如關島、夏威夷、塞班、峇里島、沖繩等地舉行，也能讓新人擺脫傳統束縛，感受婚禮的浪漫氛圍，是其最大特色。

（四）原住民婚禮

　　臺灣是多元族群社會，也愈來愈多人選擇以自己族人的傳統婚禮來完成終身大事，較常見者如臺南境內的西拉雅族，在婚禮中融入族人的祭儀，也可見專屬的祭品。於婚禮中適度的呈現自己所屬族群的文化特色，既有飲水思源的意涵，更凝聚家庭或家族情感，別具意義之餘同時也增添婚禮的紀念價值。

■ 原住民婚禮中重現《蕃社采風
　圖》之「迎婦」，圖為大武壠族
　傳統婚禮。（賴建宏提供）

■ 原住民迎娶依禮
　必祭告祖靈。（賴
　建宏提供）

第 六 章

結論：
兼述臺南婚俗產業發展

　　昏禮者，將合二姓之好，上以事宗廟，而下
以繼後世也。故君子重之。男女有別，而後夫婦
有義；夫婦有義，而後父子有親；父子有親，而
後君臣有正。故曰，婚禮者，禮之本也。〈卷七・
禮記〉

　　婚禮是締結兩個不同家族的交好，不僅攸關
著兩個家族的命運，更負「上以事宗廟，下以繼
後世」之重責，因此自古以來皆視婚禮為禮之根
本，制定隆重儀節作為公開宣告，同時達到其社
會性面向之意義。透過儀式的進行，象徵新人過
渡到人生另一個階段，也藉由儀式中意義的建
構，協助男女雙方調適身心靈，以面對即將轉換
的新身分與背後所應承擔的責任。由於婚禮是人
生重要的生命禮俗，故古來婚禮儀俗繁瑣複雜，
諸禮皆訴以祥福之意，旨在祝福新人得以和樂

圓滿，以繼後世。然而，由於時代變遷，尤其在邁入工商社會後，家庭結構改變，人力不足以張羅婚禮瑣事，再者生活水準、整體經濟的提升，以及受到西方婚禮文化思潮影響，許多儀俗逐漸式微。戰後，隨著婚禮用品專賣店的出現，從原本僅販售婚嫁用品發展到提供婚禮服務，甚至到近年婚禮顧問公司的興起，扮演婚禮儀式主導者，商業在不同時代、不同程度的涉入，也引導或改變部分禮俗。

禮乃由俗演變轉化而來，時移俗易在所難免，然而，俗可以改，禮卻不可廢，婚禮作為重要的生命禮俗，仍有該遵循的重要儀節，以及趨吉避凶、祈福納祥的本質與核心精神始終執而不變，且有其固守的意涵。綜觀而論，臺南嫁娶禮俗在時代更替下雖也有化繁為簡之勢，但大致上婚禮仍少不了提親、訂婚、結婚、歸寧等幾道程序，而婚禮過程中如家內的合八字、祭祖、喝茶送禮以及互戴戒指等攸關禮節、宗族祭祀與社會認可等相關的儀式也不能免俗，即便是不舉行婚禮不宴客，採公證結婚或僅登記完婚的新人，通常也會邀請至親吃飯，讓兩家彼此熟識，有宣告意味，也象徵身分認同。

至於婚禮變化最多的部分，則是在禮器與儀式的主導者，器物會隨時空環境與社會背景而有所汰換或改良，禮器亦是，最明顯一例如婚禮的衣飾，日治時期西風東漸，由仕紳或上流人家開啟著西式禮服的風潮後，從嫣紅的鳳冠霞披、長袍馬褂或大紅襟衫、紅蓋頭，到象徵神聖純潔的白紗，這股「白色旋風」全面襲捲，至今「披白紗」幾乎已成婚禮代名詞；再如迎娶的交通工具，由過去的花轎到黑頭車，再到今日各種禮車，

臺南嫁娶禮俗

以及早年置放聘禮的「檻」，「扛大檻」意指臺南婚禮隆重，備辦的物品繁多，今也幾乎不復見，改以木盒盛裝聘禮；此外，有子孫繁衍之意的子孫桶，今日多省略不用，或改以各式塑膠臉盆、澡盆替代；而一些寓意吉祥的聘禮或回禮，如豬羊片、合婚糖、閹雞、毛路雞等，也隨民眾飲食習慣的改變或為求便利而有替代物品。

■ 婚姻是人生大事，
上以事宗廟，下以
繼後世，負有承先
啟後的重責與意義。

■ 從昔日男方為女方
「掛手指」，到今日
男女互換戒指，都
是訂婚最重要且不
可免的儀式之一，
宣示了彼此訂盟，
互許終身。

■ 俗可以改，禮不可廢，婚禮是重要的生命禮俗，仍有該遵循的儀節。（石映雪提供）

■ 聘禮並非一成不變，隨時代演進，內容物也有變化。

　　過去到現在，婚禮另一項重大的變革就是儀式主導者，隨著婚禮相關產業，包括婚嫁百貨、婚禮顧問公司的興起，不僅取代舊時媒婆的角色，也主導進而影響婚禮儀式。從傳統媒人到委外包辦，今日許多婚禮在業者的規劃操辦下，固然主家省卻不少瑣事，但由業者主導的婚禮，過程卻顯得制式化，也少了人情味。尤其傳統媒婆所扮演的角色，不僅在於婚前的引介與說媒締和，婚禮時的儀式引導及祝辭誦唸，在舊時社會風氣封閉的年代，必要時甚至還身兼教引男女間的情事與洞房禮儀，可謂與新人乃致男女兩家親厚緊密，有其功能價值與意義，是舊時社會極為重要的女性角色。反觀今日婚禮中，多為現成的「便媒人」，與新人的互動降低，亦少了情感層面依附下所傳遞出的人情味。

臺南嫁娶禮俗

■ 現今男女婚前對雙方家庭幾乎都已熟識，下聘前對婚禮細節亦多取得共識，媒人一角也不若以往重要。

　　臺南人向來重面子、厚禮數，對嫁娶的重視程度，不僅直接反映在婚禮儀俗，也呈現在文學藝術等創作與各項節慶活動，並與打魯麵、大餅等飲食緊密結合，而臺南的西市場（大菜市）戰後百貨店、布行集中，舉凡結婚所需的禮服布料、黃金首飾、被褥枕頭、喜幛對聯等各種婚禮用品，以至喜宴辦桌的食材應有盡有，一度成為南臺灣最大的嫁妝物品販售市場，也促進辦桌及婚嫁百貨產業的發展，大致而言，臺南嫁娶文化特色如下。

一、厚禮數、重門面，嫁娶備受重視

　　臺灣社會嫁女附帶嫁妝的習俗源自中國，不管是「嫁妝一牛車」、「娶臺南某甲一棟樓仔厝」、「娶臺南好、嫁臺南慘」，都強調臺南人嫁女兒妝奩豐厚，這也是外地人對臺南婚俗最深刻的印象。

　　時至今日，臺南人辦嫁妝依舊慎重，除了昔日府城西市場

外，後壁菁寮聚落在清末曾是嘉義到府城必經之地，日治時期亦發展為嫁妝街，曾於2008年舉辦「嫁妝文化節」，呈現不同時期的嫁娶文化。2014年7月臺南市文化局復於「愛情城市七夕嘉年華」系列活動中，策畫「臺南婚嫁禮俗囍事展」，於市定古蹟愛國婦人館展示「傳統婚禮習俗」、「臺南排楹文化」主題相關文物，展示舊時拜堂、新娘轎、木楹、楹籃、傳統喜餅模等，並請知名畫家林智信考證清末民初江南地區與昔日臺南的迎親禮俗，繪製〈迎親圖〉版畫，[1]邀民眾一窺

■ 林智信／迎親圖1982（部分截圖）

1　迎親圖【1982】/版畫 / 56 x 1046cm / 林智信作品—國立歷史博物館典藏附錄《迎親圖》作者後記

中華民族，素重禮儀，傳統婚禮，必循「六禮」進行，「迎親」一禮，「六禮」之一也。中華民族，地大域廣，五族共和，禮俗大同小異，本圖「迎親」取法江南，時在民初。民前某些地區一般平民新郎於大禮時穿無補子外掛，戴無頂子紅纓帽，腳穿薄底鞋，內袍不拘顏色，袖窄長蓋過手臂，外掛以黑加紅，黑為主，新郎身披叉形紅彩綢，綢中央小綴花球，新郎坐轎、騎馬悉依地域而異。本圖中新郎呢帽，係光緒二十年後初見於上海：華北、中原新郎帽，左右各插金華一支〔金華者，金花也〕。

本省〔臺灣〕迎親，隨時代而變，從古之「六禮」，簡化為「四禮」，再併為訂，迎二禮，閩粵移民大多從之。余居地臺南，昔日迎親隊為：炮駕，鼓吹陣，字姓提燈，轎前盤〔一擔內盛鹿肉、菜燕〕，新郎轎，媒婆轎，婆仔轎，新郎燈轎〔男孩二人分坐二轎〕，舉帳前轎—床前飾物〔女孩屬龍，或蛇二人分坐二轎〕，新娘花轎，嫁妝，小舅轎。以上除新娘花轎外，其他做轎均用暖轎〔暖轎者，二人抬扛之軟轎也〕。多用暖轎娶親為本省迎親隊一大特色，謹一併記述。

本圖為余參觀國立歷史博物館六十九年二月在臺南市舉辦之「古禮迎親」為感而作。古制迎親，雖成陳跡，然古禮迎親對家族、社會以及倫理、儀節之莊嚴性，仍可為今日鏡。

圖成，愛書始末以誌。臺南歸仁林智信作壬戌〔一九八二〕李春。

臺南婚嫁禮俗。

　　從迎親圖首，依序是炮駕、迎親親家、兩姓聯姻牌、囍字燈、大鑼、嗩吶樂手、新郎、鼓吹陣、圓帳絲、媒婆、伴娘、八人抬新娘坐轎、扇、北管陣、擔嫁妝禮盤的扛夫、檻、子孫桶、妝桶、迎親親家、提燈舅子，顯得熱鬧喜氣。鹽分地帶文學家林佛兒也為迎親圖創作詩句，詳細描繪畫中場景。

　　「古時候，吹吹打打
　　迎親的儀式從熱熱鬧鬧開始

　　他們喜孜孜的
　　從鄰村的莊頭過來；這是林黃兩姓聯姻
　　敲鑼打鈸，鼓吹陣哇啦啦長鳴
　　陽光白日，時間靜止，停在荒野的泥路上

　　雙親大人正襟馬步在陣前牽引
　　新郎倌騎在馬背上
　　傻呼呼地頭戴一頂呢絨帽
　　銅鑼、胡琴和月琴弦奏不輟
　　旋轉著的圓絲帳啊，滾著百年好合

　　媒婆很花俏，頻頻地回頭淺笑
　　農夫們今天換上了扛轎裝，喜氣洋洋地扛著花轎
　　奴婢像萬綠叢中的一點紅，亦步亦隨侍候著新娘

黑衫白馬褂樂隊行伍的鼓吹聲

一路驚起在田畝裡的白鷺鷥

童孩在路邊圍觀垂涎欲滴

迎親如過新年

在舊日的社會裡捲起一陣喜氣

扛挑夫擔著的一擔一擔的禮盤

盛著豬肉牲禮和菜燕、禮被和飾物

瓦罐用絲巾包裹裝著米鹽果粿

雙喜和金銀財寶的紅紙剪字

也在風中輕揚

祖父母和三姑六婆們

彷彿四月裡的進香團浩浩蕩蕩

小舅或騎馬或坐在軟轎裡

手提謝籃，靦靦腆腆地送著她出嫁

遠遠的已看不到花轎裡姊姊的淚痕

古時候，吹吹打打

迎親的結果是早生貴子」[2]

　　不論是為嫁娶舉辦文化節慶活動，或進行文學藝術創作，

2　林佛兒，《重雲》（臺南市：南市文化局，民106），頁60~61。

■ 中正路與海安路口的檻籃裝置藝術，象徵府城人對禮數的重視。

皆顯示臺南人對婚姻大事的慎重與長期積累的文化底蘊。

二、打魯麵、送大餅，婚俗與飲食緊密連結

臺南人文定或結婚當日會事先請廚師或店家製備魯麵，招待男方親友並分送鄰居，稱「打魯麵」。打魯麵代表傳遞與分享喜訊，又稱報喜菜，烹調似1949年後來臺的外省大滷麵，食材強調要有白蘿蔔（好采頭）、包心白菜（永結同心）、魚漿（年年有餘），以及木耳、香菇、扁魚、蝦米、紅蘿蔔、豬肉、蛋等，內容豐富。相傳過去漳泉一帶舉辦喜宴時，因為怕客人吃不飽，會以魯麵做壓軸，亦有一說是因男方送聘遠道而來，女方以聘禮中的食材，料理給男方親友當點心充饑，或為幫忙張羅婚禮的親友準備魯麵當午餐。因需根據來客人數安排食材份量，所以「打魯麵」的「打」有「打算」之意，而食材切丁又有「添丁」的意義。不管起源為何，這道內含山珍海味，材

■ 方形6入的「盒仔餅」最初由南部開始盛行。

■ 打魯麵是府城人與鄰居親友分享喜悅的方式。

料多有吉祥寓意的魯麵，蘊含著臺南人的生活智慧與情感。

　　府城飲食文化與嫁娶相關的還有訂婚時男方準備喜餅給女方贈送給親友，分享女兒要出嫁的喜訊，稱為「分餅」，女方要回餅或鹹糕，而歸寧時女方帶禮餅、米粩、甜米糕等回門，府城人「吃餅」習俗，也造就餅舖的蓬勃發展。臺南的喜餅以「大餅」著稱，顧名思義，餅大且厚重，多採圓形，口味以甜為主，圓而甜，取其圓滿甜蜜，一般多論斤計重，由女方提出斤數與數量，在訂婚當天，由男方扛大餅到女方家。早期農業社會人際往來頻繁密切、講究禮數，加上好面子，有喜餅愈重愈多則顯愈彰顯婚事的體面與隆重之意味，因此早年府城嫁娶

臺南家娶禮俗

的喜餅動輒5、6斤，甚至有到8斤、10斤不等，堆疊起來數量更是可觀，故有「臺南人嫁女兒很會吃大餅」之說，若以知名的老餅舖來做大餅，更可幫女方家做足面子。日治以後，開始有方形喜餅，由6個長方形漢餅組成的「盒仔餅」逐漸風行，成為後來臺南嫁娶禮餅的代表，口味包括冬瓜滷肉、蝦米肉餅、伍仁、豆沙、鳳梨、棗泥、蜜餞等，不一而足。由於府城人對嫁娶禮俗的重視，早年幾乎所有餅舖都有承製喜餅，鄰近地區許多民眾逢嫁娶皆會到「城內」買餅，以擔子挑回，其中尤以萬川號、舊永瑞珍、品來芳等餅舖因為啟業早，喜餅美味可口，更是聲名遠播。時至今日，這樣的嫁娶慣俗與「吃餅」文化仍在延續，儼然成為府城婚俗的一大特色！

三、總舖師、婚嫁百貨，形成在地特色產業

清代臺灣漢人即開始委託廚師到家中包辦菜餚製作，舉辦宴席。日治時期歌仔冊〈最新十二碗菜歌〉：「一塊圓桌排出去，各位酒杯甲牙箸，全桌拼盤甲燒豬，欲請人客佮紳士。……吩咐總舖湯就清，芋泥阮欲換杏仁。碗盤共阮攢較新，人客看了會出神」，顯示當時富貴人家在家中置辦桌宴的情形。

臺南傳統婚嫁儀式結束後男方會籌辦酒席來宴請親朋好友，在自己家門前的空地上，搭起棚子，擺出火紅的大圓桌，請來總舖師，熱熱鬧鬧的辦起桌來。戰後初期，農業社會年代，辦桌簡單，強調讓大家飽餐一頓。早期總舖師只負責帶著刀具鍋鏟等前往主家烹煮，支領工錢，在設備、物資尚不富裕的年代，有時還得提前到主家，用磚泥，於三合院前埕一角搭起簡

易大灶，由主家張羅爐子，以木頭燒炭烹煮喜宴佳餚。

　　之後經濟發展，辦桌模式改為主人家與總舖師商議喜宴菜色後，依總舖師開具菜單與食材，由主家自行採購，並借來各家板凳桌椅，通常一般人家規模約3到10桌，再依桌數計算工資給總舖師。由於辦桌時往往需要鄰里互助合作，幫忙打理大小事，所以宴席結束後通常主家也會分送菜尾湯，呈現出濃濃人情味。

　　民國60年代，臺灣邁入工商社會，就業率增加，都市化程度提高，鄰里間已少人可以支援辦桌，開始出現專業的辦桌業者，並且上下游分工，逐漸改為每桌固定金額承包，由總舖師的團隊安排完整的宴席服務，地點也從自家門口，改為社區活動中心等。此外，廚師的烹飪技巧和菜色的講究也出現差異化，辦桌不再強調吃得飽，也進一步追求吃得好。婚宴辦桌時的菜色為求吉利，常出現如花好月圓、喜福臨門等寓意吉祥的菜式名稱，其中，「起家雞」更是必備，象徵一個家庭或新居的建立。早年，不像今日有許多現成食材，喜宴上一道道的珍饈美饌通常得靠總舖師親手製作，因此總舖師常得在辦桌前一天便到主家先製備一些加工食品，如香腸、炸肉丸、魚丸等，其中魚丸類食品取其圓形有圓滿之意，早年更是少不了，多作為喜宴中最後一道菜餚，象徵喜事圓滿，而這樣須費工製作的食品也考驗總舖師的功夫與耐力，於喜宴中賓客品嘗到的也可謂是總舖師真正道地的「手路菜」（tshiú-lōo-tshài，拿手好菜）。

　　而據傳早期臺南盛產甘蔗，同時也因受到福州菜系與福州師傅的影響，富貴人家又多，能夠吃得起糖，再者或許也為區

■ 臺灣人婚嫁喜宴雖已多在餐廳舉行，但仍
保留總鋪師「辦桌」特色。(黃文博提供)

■ 臺灣早期成衣尚不普遍，裁縫車是重要嫁妝，棉被、被單、枕頭布、嫁衣需以木箱盛
裝，稱壓箱。(沈蔡來順提供)

隔家常菜與宴席菜的不同，漸漸臺南古早辦桌菜都有酸甜滋味，加上口味經過融合後的臺菜，烹調時講究火候跟用料，臺南的師傅廚藝精，用料方面也大器、實在，更造就獨特飲食風味。而臺南的總舖師多，口碑又好，日久，連外地人要辦桌時都從臺南聘請師傅，逐漸奠定辦桌產業的知名度。

民國70年代以後，政府開放國外水產海鮮及牛肉進口，辦桌菜色更加豐富，講求高檔食材；到90年代，生活水準提高，強調健康養生，受限於都市空間不足，婚禮也漸漸轉向美觀氣派的飯店餐廳設席宴客。但臺南重視人情與傳統，加上各里皆有活動中心，適合作為辦桌擺宴的場地，辦桌產業依舊持續發展，朝向精緻化、藝術化的外燴筵席，多位總舖師名聞全臺，不但在制服、備品、桌椅升級，甚至自建婚宴會館，打造自有品牌，形成臺南在地特色產業與臺灣辦桌文化重鎮。

臺南人對婚嫁禮數的重視也讓相關產業蓬勃發展，臺南由於發展較早，商業興盛，中正商圈西市場（大菜市）[3]曾是南臺灣採買婚嫁用品的重要嫁妝城，瓷器茶盤、八卦米篩、寢具枕頭、黃金首飾、到喜宴食材、八仙綵喜幛等婚嫁禮俗用品一應俱全，每日人潮擁擠。例如天水聯彩店，喜幛採傳統製字，再

3　日治時期臺灣第一個公設市場，明治38年（1905）興建，也是當時南臺灣最大的公設市場。位於西門町四丁目與末廣町交界，有排水溝、下水道以及賣店，還有事務室、倉庫及其他附屬建築，稱為臺南市場，明治44年（1911）因暴風雨毀壞。隔年以鋼筋混凝土重建L型兩層樓建築，稱為「臺南西市場」，規模更大，賣場分門別類，店舖乾淨整潔，設有廁所。衛生、方便的現代化建設改變了人們的生活方式，購物人潮可以在室內穿梭購物免受雨淋日曬。這個臺南人俗稱的「大菜市」，在民國60年代以前和其所在的中正路商圈一直都是臺南最熱鬧的商業區。2003年被公告為市定古蹟，修復工程於2017年5月正式動工。

■ 傳統嫁娶需懸掛八仙綵。（沈青蓉提供）

以針別於棉被或毛毯上，老板娘的書法備受肯定。民國50年代，成衣還不普遍，臺灣人習慣自己剪布裁製新衣，大菜市和鄰近的淺草商場因有不少布商聚集，[4]南至恆春、臺東、澎湖，北至雲林，民眾辦嫁妝壓箱經常到此訂做棉被、被單、枕頭布、嫁衣。

　　此外，臺南還有不少生命禮俗店也提供各項婚俗備品，如普濟街有家傳承4代的全豐行、國華街百麗行等老字號，然而隨著時代變遷，如今也已逐漸式微，取而代之的是湯德章紀念

4　昭和8年（1933），日本人為了促進「臺南銀座」末廣町「銀座通」（今中正路）一帶的商業活動，在西市場外的噴水池周圍建造了41間店舖，稱為「淺草商場」，販售日常用品。1945年後因美軍對臺南進行大轟炸，民權路布街受創嚴重，不少布商遷至淺草商場，淺草商場也成為臺南最大的布料商場，之後更名為西門商場，目前稱淺草新天地。

公園（原民生綠園）到民生路一帶的婚紗攝影公司、[5]婚嫁百貨，或由婚攝、婚顧公司包套代辦，隨著社會型態與工商業發展，置辦婚嫁用品愈來愈便利，也縮短了婚禮籌備時程，以前辦婚事要一年以上，現在隨時可結，且隨著更多元的婚嫁相關產業應運而生，不僅讓結婚程序更簡便，也提供現代人創新的服務。

而全臺灣規模最大的婚嫁百貨「皇家結婚用品百貨」也發跡於臺南，最初是由喜帖工廠新勝利紙品行所成立，[6]原僅服務各大小印刷廠和喜帖店，由於現代人怕麻煩或不諳禮數，才從喜帖印刷衍生出結婚用品百貨，從頭到尾一條龍包套服務，省下新人東奔西跑的時間。民國87年（1998）成立後，最多曾有7家門市及1家禮服店，服務據點遍及臺中、臺南、高雄、屏東，從傳統嫁妝、結婚用品、現代婚禮小物以至攝錄影、會場佈置等一應俱全。

■ 婚嫁百貨裡琳瑯滿目的禮俗用品，提供消費者多樣化選擇。

---

5 臺南市中西區民生路有「府城婚紗一條街」之名，在多數臺南市民的結婚記憶佔有一席之地。
6 1996年創立勝利紙品，以紙品批發為主，內容包含喜帖、名片、信封、進口紙張、印刷、燙金代工批發為主。

臺南嫁娶禮俗

開業20年，經歷過建國百年的結婚潮，曾承辦總統千金的世紀婚禮，皇家結婚用品百貨走過結婚潮盛景，也面臨現代人普遍晚婚、結婚市場大幅萎縮，負責人林詩瑋有感各地婚俗其實已大同小異，逐漸簡化或形式化，甚至被遺忘，因此特別將各項禮俗備品、流程列表，供新人索取，也印製「婆仔說好話」折頁讓「便媒人」當小抄，期許婚嫁百貨產業不僅是商機，是門生意，同時也能肩負傳承嫁娶禮俗文化。

四、嫁娶文化的傳承與復興

臺南市文南社區座落在金華路與健康路口，成衣加工廠林立，是住商混合型的都會社區，近年來推動社區營造工作獲獎無數，並以古式婚禮打造出鄰里特色，里長陳清泉功創立的上百人迎親團隊，除了自己長子陳志易娶媳時派上用場，也已協助20多對夫妻完成婚禮，並曾擔綱百貨公司開幕表演、還受邀至臺北、臺東等縣市示範。

經營服裝材料行的陳清泉於2001年擔任里長任內時曾招兵買馬策劃一支迎娶

■ 文南里陳清泉里長以環保低碳古式婚禮打造出區里特色，經常受邀協助各縣市新人辦理嫁娶。

隊伍，規劃「內山姑娘要出嫁」[7]民俗搞笑劇，原本想藉此發展社區特色表演活動。他訓練志工著古裝扛起嫁妝，搭配反串的媒人和新娘，並運用社區的成衣材料，自製環保花轎、嫁裳，粉墨登場，逗趣的表演竟意外的一炮而紅，迄今演出近百場，成功重現傳統婚禮的氛圍。2012年其子辦喜事，適逢文南里獲環保署環境空氣品質六連霸，被市府指定為低碳示範社區，陳清泉更發想舉辦低碳婚禮，結合當地區、學校、婚顧公司，以復振古禮方式，讓新郎乘馬、迎娶人員「扛大檻」、在八音隊伍前導下，高舉迎親牌、護送大紅花轎，由里長服務處徒步3.5公里至大億麗緻飯店親迎新娘，仿古式的傳統婚禮，吸引眾多路人圍觀和媒體採訪，不但成了該社區的特色，更經常受邀協助各縣市新人辦理傳統婚禮。

　　而男扮女裝的媒人婆邱賢珉是文南里古式婚禮另一個成功

7　1960年代出現的廟會表演性陣頭－素蘭陣，1963年臺語電影「素蘭小姐要出嫁」上映，金玫、黃三元主演，主題曲「素蘭小姐要出嫁」改編自日本北海道鄉土民謠ソーラン節，為當地漁民的捕魚歌，作詞者莊啟勝「將每段歌曲以「ヤーレンソーラン」開頭、「ハードッコイショドッコイショ」結尾，1960年代初，將原詞中的「ソーラン（Sōran）」直接以臺語音譯為「素蘭」，「ハードッコイショドッコイショ」則譯為「嘿咻嘿咻落蓋咻」，並虛構出「素蘭小姐」這個角色，填詞成流行歌「素蘭小姐要出嫁」。大約在同時期，另一位知名的臺語歌謠創作者郭大誠作了「內山姑娘要出嫁」，其中也用了「嘿咻嘿咻落蓋咻」的音。1966年臺南市灣裡一位名叫「國仔」的人將「素蘭小姐要出嫁」整曲，與「內山姑娘要出嫁」的第一段歌曲合編為背景音樂，配上傳統日本服裝與舞步，編組成臺灣第一個也是臺灣獨有的「素蘭出嫁陣」，參加灣裡萬年殿的廟會。
早期素蘭陣包括一位媒婆、一位新娘，2位舉頭燈少女，14位手執竹板配合音樂打節拍的伴娘，另有2人扛花轎，12人扛嫁妝，一位挑尿桶，兩位持武士刀護衛隊伍的保鏢，均著和式服裝」引自臺灣回憶探險團素蘭陣 http://www.twmemory.org/?p=4759

臺南嫁娶禮俗

的關鍵，他幽默詼諧的四句聯、誇張的肢體動作，舉手投足間精彩演譯傳統迎親禮俗，表演片段至今仍在網路上流傳，創下370萬的瀏覽量。經營成衣廠的邱賢珉在民國70年代成衣業蓬勃發展時，因出入皆以拉風的進口車代步，常被商借作為迎娶禮車，也充當司機。在參與幾次現代婚禮後，有感於婚禮除了賓客祝賀恭喜、吃頓酒席外，缺少了人情，因而將幼時記憶裡的「婆仔唸好話」—媒人出口成章的吉祥話與雙關語，整理紀錄，更回麻豆請教耆老，用心鑽研傳統婚禮的情境與四句聯的內涵。至今經歷30餘年，參與過無數場婚禮，如今信手捻來，句句成韻，還會適時加入地方色彩，如「茄萣是好所在，魚翅、

■ 捧花在歐美國家象徵著新娘的好運氣，傳說接到捧花的單身女孩，有可能就是下一位新娘。（陳惠堅拍攝）

烏魚子是通人知」，每次唸好話都讓主家賓客皆大歡喜。不僅傳承兒時的生活經驗，也為逐漸消逝的四句聯文化盡一分心力。

■ 婚後就是一家人，彼此包容體貼很重要。

此外，致力於傳統婚俗保存者還有朱南吉，身為前臺南市第四到七屆市議員朱德旺之子，早年經商，經常參與社團活動，臺風穩健，因此常被公推擔任司儀，甚至許多社團活動、政治造勢、廟宇慶典、婚喪喜慶都曾擔綱主持，主持功力倍受肯定。而為求專業，朱南吉認真研究婚俗，海埏例、內山例、平埔例，說來頭頭是道，更強調婚禮中應該感謝雙方父母養育之恩，幽默又感性的言詞常觸動新人，也讓賓客笑中帶淚，場面溫馨。近年愈來愈多婚禮用樂團代替專業主持人，他喟嘆像是嘉年華會，不僅少了莊重感與文化內涵，許多細節禮儀更是被忽略，如現代單親家庭多，傳統婚俗裡主婚人一定要成雙，若父親不在，便應請母舅上臺，但卻少人留意到此點。隨著時代演進與社會開放，許多婚嫁禮俗已漸被遺忘，儀式可以簡化，但不該以訛傳訛，為此也經常受邀至各地演講，希望能傳承發揚婚俗文化。

婚姻關係與人類的社群組織有密切關聯，亦是人倫關係之

始，婚禮不僅讓新人有了新身分與責任，強調「社會認可」與歸屬感，藉由婚禮的儀節更有助新人了解婚姻的本質。傳統社會以繁複的婚俗來確保婚姻的美滿與傳宗接代的任務，卻是建構在男性主義之下，忽略了女性的自我意識，如今婚俗簡化，女性地位提升，但離婚率卻居高不下，就算有意願結婚，男女雙方也常因對婚俗的認知不同，導致婚事破局。其實婚俗與共同籌備婚事的過程，可以視為新人婚前教育的一環，有助加深雙方對婚姻的共識與承諾，如能了解婚俗，並因時制宜，互信互諒，定能順利愉快的解決終身大事，為幸福奠基。讓禮俗為幸福加分，祈願天下有情人，終成眷屬。

附錄：臺南嫁娶個案

一、謝、郭府訂婚流程

日期：民國106年9月30日（農曆8月11日）星期六
新郎：謝明道
新娘：郭孟蓉

時間	項目	儀式與內容	備註
09：30	集合	男方親友、媒人至新郎家集合 男方準備訂婚行聘禮物	
09：50	出發	新郎攜帶聘金、聘禮與禮餅前往女家下聘	
10：10	行聘 （納徵）	到達新娘家 男方親友將訂婚行聘禮獻上並逐一陳列	
10：20	介紹	由媒人介紹男方長輩親友，再由女方親家介紹女方親友（此時新娘不出現）	
10：25	奉茶	女方請男方長輩親友依長幼順序入座，新郎居於末座 新娘由好命婆牽引至客廳，向男方長輩親友一一奉上甜茶	1. 茶杯數要與被奉茶人數相同 2. 奉茶時，新娘即對長輩改換稱呼

時間	項目	儀式與內容	備註
10：30	壓茶甌	飲畢片刻，媒人牽新娘捧茶盤收茶杯，男方親友將紅包放入茶杯內或壓在茶杯底，以示回禮	
10：35	戴戒指	新娘坐在客廳的高椅上、腳踩矮椅，面朝門外，就緒後，新郎先將兩只繫在一起的戒指戴在新娘右手中指或無名指，隨後新娘將戒指戴在新郎左手中指或無名指，之後再由準婆婆為新娘戴上項鍊、手鐲等見面禮，最後岳母為新郎戴上項鍊等見面禮	
10：55	送聘	男方父母將聘禮送給女方，由女方父母點收	
11：00	女方回禮	女方將男方送來的聘禮回送一部分，再將女方送給男方的回禮交給男方父母	
11：10	祭拜神明祖先	新郎、新娘在父母陪同下，祭拜神明祖先，告知喜訊	準備鮮花、水果、6碗湯圓、喜餅、喜糖
11：15	合影	雙方親友與新人合影	
12：00	訂婚喜宴	女方設宴款待男方親友（男方須準備壓桌禮）	
14：30	禮成	男方親友返回，女方將喜餅贈送親朋好友	

臺南嫁娶禮俗

附錄：臺南嫁娶個案

二、方、許府結婚流程

日期：民國106年12月8日（農曆10月21日）星期五

新郎：方俊涵

新娘：許嵐玫

時間	項目	儀式與內容	備註
08：40	集合	男方親友、媒人至新郎家集合，男方準備迎娶（禮車繫車頭綵、手把花，另準備喜炮）	
08：50	出發	新郎出發前往女家迎娶 放炮舅放開路炮，禮車迎娶沿路於過橋、隧道、轉彎處，或遇迎娶車隊時鳴炮	禮車6部 第1車（攝影車）、放炮舅 第2車：伴郎 第3車（新娘車）：新郎、媒人 第4~6車：伴郎、伴娘
09：00	到達請新郎（拜轎）	到達新娘家 放炮舅於新娘車抵達前鳴炮告知女方，迎娶車隊已到 女方燃炮迎接，請舅子（或男童）捧橘子（或蘋果）請新郎下車（新郎須給紅包）	
09：05	討喜	伴娘設計關卡考驗新郎，新郎通過考驗後才能順利進房見新娘	
09：30	請新娘	新娘妝扮完成，新郎將捧花交給新娘，由媒人牽引至客廳	新娘將緣粉交給媒人

時間	項目	儀式與內容	備註
09：35	拜別父母 遮頭紗	新娘在新郎陪同下跪拜叩首，感謝父母養育之恩 新娘父母為新娘蓋上頭紗	
09：45	新娘上車	媒人或新郎手拿八卦米篩（有身孕者用黑色雨傘），遮於新娘頭上，護送新娘上車，表示禮敬	
09：45	迎娶	男方安排女方陪嫁人員上車，每部車均坐人，前導車燃炮後出發，女方亦鳴炮以示趨吉避邪	
09：55	擲扇	禮車啟動後，新娘即將扇子往車窗外丟擲，娘家隨即派人撿回	
10：10	男方起火爐	男方起火爐，並將火爐、瓦片置於門口	
10：30	抵達男家	抵達男家前，放炮舅須鳴炮，告知新娘車已到 新居放炮舅亦須鳴炮表示歡迎	
10：35	迎新娘 入門	男童端橘子（或蘋果）請新娘下車，新娘回贈紅包，下車時同樣由媒人持米篩（或黑傘）遮頭護送新娘入門前過火爐、踩瓦片後入門	1. 媒人事先入廳內灑緣粉，並口說吉祥四句聯 2. 新娘入門時長輩迴避
10：40	進房坐財庫	新娘進房，男左女右坐於鋪長褲的椅子上	屬虎者迴避
10：45	掀頭紗	新郎為新娘掀頭紗	
10：50	食湯圓	媒人端湯圓給新人食用	

附錄：臺南嫁娶個案

時間	項目	儀式與內容	備註
11：00	舅子探房	新娘兄弟進新娘房探房並點燈（新郎致贈紅包給舅子）	
11：10	祭拜神明祖先	新人在新郎父母陪同下祭拜神明與祖先，感謝神明與祖先庇佑	
11：30	禮成	儀式完成	

三、侯、嶋原府文定、結婚（完聘娶）流程

日期：民國107年5月26日（農曆4月12日）星期六

新郎：侯勝敦

新娘：嶋原祐佳

文定流程			
時間	項目	儀式與內容	備註
06：30	祭祖	男方在出發前先祭祖，祈求姻緣美滿	
07：00	出發	將下聘之六禮清點上車 男方親友（以年長親友約 6 至 8 人）與媒人，出發赴女家下聘	
07：30	文定（納徵）	男方親友將訂婚行聘禮獻上並逐一陳列 女方點收聘禮後，回贈紅包 媒人依序將男方親友介紹給女方	

文定流程			
時間	項目	儀式與內容	備註
07：40	奉茶	女方長輩請男方親屬依長幼入座，新郎居末座 新娘由好命婆牽引出場，向男方長輩親友一一奉上甜茶	
07：45	壓茶甌	待所有人飲畢片刻，新娘捧茶盤依照原本順序收茶杯，男方親友將紅包捲好放入茶杯中，作為壓茶禮	
07：50	戴戒指	新娘至大廳正位坐定（面朝外，腳放在小凳子上），新郎將戒指（雙戒一起）戴至新娘中指，再由新娘為新郎戴戒指（同樣戴於中指） 隨後準婆婆為新娘戴上項鍊、手鐲等見面禮，岳母為新郎戴上項鍊、領帶夾、印仔戒指、袖扣等金飾	1. 新娘腳踩矮凳，腳不落地 2. 戴完訂婚戒指後，媒人引領新人，一一改稱呼
08：05	女方回禮	女方將「回槛禮」放入男方來的帶來的槛內（包括新娘送給新郎的隨身用品6或12件，並附上禮單，註明回禮品項）	女方將訂婚喜餅分贈親朋好友
08：15	合影	全體合照	
08：20	禮成	文定儀式完成，雙方正式結為親家	

臺南家娶禮俗

附錄：臺南嫁娶個案

08：25	迎娶準備	男方父母離開返家，新郎步出門外先行離開，繞一圈後之後再返回，進門交給女方十二版帖 新娘更換白紗禮服（文定穿紅色禮服），待男方前來迎娶	侯、嶋原府將完聘與迎娶同一天完成，即「完聘娶」，故男方多準備一車載男方父母先行返家，新郎於完聘後離開一次再繞回來迎娶
08：45	開始迎娶	女方晚輩端橘子（或蘋果）替新郎開門 新郎進入新娘房帶新娘出新娘房	
08：50	拜別父母 遮頭紗	新人跪別女方家長，感謝父母養育之恩 新娘祖父、母親為新娘蓋上頭紗	
09：00	新娘上車	拿尾擔者於門邊準備，新娘出家門時腳往後踢子孫桶 媒人手拿米篩遮於新娘頭上，護送新娘上禮車 新娘媽媽放鞭炮送女兒出嫁	所有人離開女方家門，不向女方家人道再見
09：05	擲扇	新娘上車後丟扇子，新娘晚輩隨後撿扇子	
09：30	抵達男家	車隊到男家附近先鳴炮通知，男方家人回點長串炮	男方父母迴避

結婚流程

結婚流程		
09：35	迎新娘	男童端橘子（或蘋果）為新娘開門 媒人手拿米篩為新娘遮天，扶新娘下車門入家門 新娘過火爐、踩瓦片後入門
09：40	入新娘房	新娘坐高椅，新郎掀頭紗 媒人端兩碗甜湯圓，一碗6顆，吃3顆後互餵對方
09：45	舅子探房	新娘兄弟探房 （新郎致贈紅包給舅子）
09：50	合影	新人合影
10：00	禮成	儀式完成

臺南家沒婆豐谷

參考書目

方志、史料

- 漢・鄭玄注、唐・賈公彥疏,《儀禮注疏》,臺北:藝文印書館,2011。
- 漢・鄭玄注、唐・孔穎達疏、李學勤編、龔抗雲整理,《禮記正義(曲禮)十三經注疏:整理本》第21卷,臺北:五南,2001。
- 唐・杜佑《通典(二十)・卷五十八・禮十八・嘉禮三・天子納妃后》,臺北:藝文印書館。
- 清・周鍾瑄,《諸羅縣志》,臺北:臺灣銀行經濟研究室,1962。
- 清・高拱乾,《臺灣府志》,臺北:臺灣銀行經濟研究室,1960。
- 清・劉良璧,《重修福建臺灣府志》,臺北:臺灣銀行經濟研究室,1961。
- 清・范咸,《重修臺灣府志》,臺北:臺灣銀行經濟研究室,1961。
- 清・陳文達,《臺灣縣志》,臺北:臺灣銀行經濟研究室,1961。
- 清・周璽,《彰化縣志》,臺北:臺灣銀行經濟研究室,

1962。

- 川口長孺,《嘉義管內采訪冊》,臺北:臺灣銀行經濟研究室, 1959。

專書

- 王雲五主編、王夢鷗註釋,《禮記今註今譯(下)》,臺北: 臺灣商務,1969。
- 王灝,《臺灣人的生命禮俗─婚嫁的故事》,臺北:臺原, 1992。
- 王泰升,《臺灣法律史概論》,臺北:元照,2009。
- 天下編輯等著,《發現臺灣》,臺北:天下雜誌,1992。
- 何聯奎、衛惠林,《臺灣風土志》,臺北:臺灣中華書局, 1989。
- 呂順安主編,《臺南市鄉土史料》,南投市:臺灣省文獻會, 1994。
- 阮昌銳,《中國婚姻習俗之研究》,臺北:臺灣省立博物館, 1989。
- 周何,《古禮今談》,臺北:三民,1992。
- 周金水,《客家民俗》,桃園:桃園縣伯公岡客家文化協會, 2007。
- 卓克華,《臺灣舊慣生活與飲食文化》,臺北:蘭臺,2008。
- 芮逸夫,《雲五社會科學大辭典─第十冊人類學》,臺北:臺 灣商務印書館,1989。
- 吳瀛濤,《臺灣民俗》,臺北:眾文,1992。

- 涂順從，《南瀛生命禮俗誌》，臺南縣：臺南縣文化局，2001。
- 洪郁如著，吳佩珍、吳亦昕譯，《近代臺灣女性史：日治時期新女性的誕生》，臺北：臺大出版中心，2017。
- 姚漢秋，《臺灣婚俗古今談》，臺北：臺原，1991。
- 婁子匡，《婚俗志》，臺北：商務書局，1970。
- 黃典權、游醒民，《臺南市志》，臺北：成文，1983。
- 黃敦涵編，《翁俊明烈士編年傳記》，臺北：正中書局，1977。
- 黃萍瑛，《臺灣民間信仰「孤娘」的奉祀：一個社會史的考察》，臺北縣：稻鄉，2008。
- 馬之驌，《中國的婚俗》，臺北：經世書局。
- 范勝雄，《府城之禁忌譴送和俚諺》，臺南：臺灣建築與文化資產出版社，2002。
- 莊英章，《家族與婚姻：臺灣北部兩個閩客村落之研究》，臺北：中研院民族所，1994。
- 翁倩玉、章君毅，《翁俊明傳》，臺北：中央日報，1990。
- 鈴木清一郎，《臺灣舊慣冠婚葬祭と年中行事》，臺北：南天，1934。
- 清史稿校註編纂小組，《清史稿校註》卷九十六〈禮志〉，臺北：國史館，1986。
- 連橫，《臺灣通史》，臺北：臺灣銀行經濟研究室，1962。
- 連橫，《臺灣語典》，臺北：臺灣銀行經濟研究室，1963。
- 陳瑞隆，《臺灣嫁娶習俗》，臺南：世峰，1998。

- 菊地仁美，《江戶時代的婚姻習俗》，南京大學出版社，2014。
- 鄭連明等編，《臺灣基督長老教會百年史》，臺北：臺灣基督長老教會，1965年。
- 鄭惠美，《囍：客家傳統婚俗特展專刊》，新北市：新北市政府客家事務局，2012。
- 劉還月、陳阿昭、陳靜芳，《臺灣島民的生命禮俗》，臺北：常民文化，2003。
- 劉維瑛主編，《臺灣好說：臺灣女人影像紀錄》，臺南：臺灣歷史博物館，2016。
- 劉致昕，《臺南食－辦一桌臺灣時光》，臺南：臺南市政府觀光旅遊局，2017。
- 臨時臺灣舊慣調查會編，《臺灣私法》第二卷（下），臺北：南天，1995年復刻版，1911年原刊。
- 臺灣省文獻委員會口述歷史專案小組編，《臺灣婚喪習俗口述歷史輯錄》，臺中：臺灣省文獻會，1993。
- 《圖像府城 臺南老照片總覽》簡本，財團法人臺南市文化基金會，2013。

期刊、單篇論文

- 王見川，〈略論日僧東海宜誠及其在臺之佛教事業〉，《圓光佛學學報》第三期，桃園：圓光佛學研究所，1999/03。
- 石光生，〈南臺灣傀儡戲結婚酬神表演過程的儀式與戲劇意義〉，Fiction and Drama，《小說與戲劇》，臺南：成功大學

臺南嫁娶禮俗

外文系，Vol. 12, 2000/12。

- 李毓嵐，〈日治時期霧峰林家的婚姻圈〉，《臺灣文獻》，62：4，2011/12。
- 李毓嵐，〈1920年代臺中士紳蔡蓮舫的家庭生活〉，《臺灣史研究》20：4，臺北：中研院臺史所，2013/12。
- 阮昌銳，〈臺灣冥婚與過房之原始意義及其社會功能〉，《中央研究院民族學研究所集刊》33，臺北：中央研究院民族學研究所，1972。
- 林素娟，〈古代婚禮「廟見成婦」說問題探究〉，《漢學研究》，21：1，臺北：漢學研究中心，2003/6。
- 姚漢秋，〈閩臺婚姻禮俗變遷〉，《臺灣文獻》28：4。
- 洪麗完，〈契約文書與性別研究：以《臺灣社會生活文書專輯》為例〉，《近代中國婦女史研究》7期，臺北：中央研究院近代史研究所，1999/08。
- 畠中市藏，〈臺灣に於ける婚姻の種種相〉，《臺灣私法》第2卷。
- 莊金德，〈清代臺灣的婚姻禮俗〉，《臺灣文獻》14：2，南投：國史館臺灣文獻館，1963/9。
- 張孟珠、楊文山、莊英章，〈日治時期新竹地區妾婚現象的歷史人口學分析〉，《人文及社會科學集刊》23：2，臺北：中央研究院人文社會科學研究中心，100/6。
- 蔡錦堂，〈日治時期日本神道在臺灣的傳播與侷限〉，《淡江史學》第12期，2001/12。
- 簡榮聰，〈臺灣舊時富家「奩單」與嫁粧─鹿港士紳所遺「奩

單」淺探〉,《臺灣文獻》43：3,南投：國史館臺灣文獻館,
1992/09。

學位論文

- 徐正武,〈日治時期臺南神社之研究〉,臺南：國立臺南大學
  臺灣文化研究所碩士論文,2005。
- 張維正,〈接觸、殖民與文化容受：日治時期臺灣漢人婚禮
  的變遷〉,臺北：國立臺灣師範大學臺灣史研究所碩士論文,
  2012。

研究報告書

- 林如萍計畫主持,《國人之婚姻態度及對婚姻教育之需求全
  國民意調查》,世新大學民意調查中心執行,2010。

報紙

- 〈除夕嫁娶〉,《臺灣新報》,版1,1898年1月12日。
- 〈宴爾新婚〉,《臺灣日日新報》,版4,1901年1月29日。
- 〈花嫁の臨時列車（未曾有の婚禮）〉,《臺灣日日新報》,版
  7,1902年1月19日。
- 〈臺灣習俗美醜十則〉,《漢文臺灣日日新報》,版5,1905年
  7月1日。
- 〈臺灣習俗美醜十則〉,《漢文臺灣日日新報》,版4,1905年
  7月2日。
- 〈貪盒入贅〉,《臺灣日日新報─漢文版》2225號第5版,1905

年9月29日。

- 〈臺灣婚姻談（一）〉,《漢文臺灣日日新報》,第3版第2782號,1907年8月11日。
- 〈對佛結婚〉,《漢文臺灣日日新報》,第3749號,1909年12月2日。
- 〈婚禮不一〉,《臺灣日日新報》,版5,1912年1月3日。
- 〈文明結婚〉,《臺灣日日新報》,版5,1913年11月27日。
- 〈鬧房韻事〉,《臺灣日日新報》,版6,1913年12月5日。
- 〈新婚宴客〉,《臺灣日日新報》,版4,1916年1月17日。
- 〈嶄新結婚〉,《臺灣日日新報》,版6,1920年5月10日。
- 〈小言／聘金害死人〉,《臺灣民報》第93號,1926年2月。
- 〈公私人事〉,《臺南新報》,版8,1932年4月30日。
- 〈情侶跌后豐橋罹難　辦冥婚結連理〉,華視新聞網,2008年10月1日。
- 〈生死同月日　巡山員情侶冥婚〉,大紀元新聞網,2012年6月19日。

網路資料

- 中國哲學書電子化計劃 https://ctext.org/zh
- 中央院數位典藏資源網 http://digiarch.sinica.edu.tw/index.jsp
- 中研院臺史所檔案館數位典藏。http://digiarch.sinica.edu.tw/index.jsp
- 國立臺灣歷史博物館臺灣女人網站 https://women.nmth.gov.tw/information_47_39678.html

- 東京大神宮網頁，http://www.tokyodaijingu.or.jp/kekkon/index.html。
- 中研院臺灣史研究所臺灣史檔案資源系統 http://tais.ith.sinica.edu.tw/sinicafrsFront/index.jsp
- 全國法規資料庫 https://law.moj.gov.tw/Index.aspx
- 參考內政部戶政司全球資訊網 https://www.ris.gov.tw/

臺南嫁娶禮俗

致謝

承蒙

方俊涵、王素滿、石允忠、石映雪、李宗龍、何康美、沈坤照、沈蔡來順、沈青蓉、吳秀緞、林志安、林孟輝、林詩瑋、邱賢珉、洪英中、侯勝敦、黃之綠、黃玉蘭、許嵐玫、張雲超、郭碧芬、曹馥年、曾佛賜、陳芩萍、陳婉萍、陳志昌、陳惠堅、陳靖允、陳金泉、陳清泉、陳帛興、詹永茂、蔡裕惠、蔡婉真、蔡靜儀、鄭孟蓉、劉芮甄、劉怡均、賴建宏、賴嘉陽、顏明賢、謝欣穎、謝明道、嶋原佑佳

協助拍攝、惠允用照，特此致謝（依姓氏序）
也感謝鄭佩雯小姐參與本書著述，協助撰稿

作者簡介

張耘書

國立臺南大學臺灣文化研究所碩士

中央研究院人文社會科學研究中心地理資訊科學研究專題中心
專案企劃師

【參與計畫】

2002年

　文建會臺南市大涼社區總體營造計畫案

2006、2008年

　中研院人文社會科學研究中心「臺灣地區地名普查工作及地
　名資料庫建置計畫」

2010年

　「宗教與地方社會──永康宗教調查研究」

臺南嫁娶禮俗

2011年

「中研院文化資源地理資訊系統寺廟資料庫計畫」臺南地區寺廟調查

2011年

教育部《體育運動大辭典》編定計畫

新港奉天宮志編纂計畫（協修）

2012年

臺南市政府文化局「臺南市傳統金屬工藝技藝調查研究計畫」、「臺南市邁向文學之都資源調查計畫」

2013~2015年

「102年藝氣風發—藝陣影像、音像數位典藏計畫」

文化部文化資產局「臺灣王爺信仰文化資產調查分析計畫」

永康開天宮志編纂

2016年

臺南市政府「0206大地震全紀錄」

2017年

臺南市政府文化局「106年臺南市歷史名人小傳」

2018年

臺南市政府文化局「107年臺南市歷史名人小傳」

臺南市政府文化局「歷史場域資料數位化編撰計畫」

臺南市文化資產管理處「南關線三大廟王醮祭典調查研究案」（協同主持人）

【著作】

專書

- 《臺南媽祖信仰研究》，臺南市政府文化局，2013。（獲國史館臺灣文獻館「103年度獎勵出版文獻書刊暨推廣文獻研究」推廣性書刊佳作獎）
- 《鎏金歲月・金工之美——臺南傳統金工藝術》，臺南市政府文化局，2014。（與多人合著）
- 《貫古通今臺19甲》，臺南市政府文化局，2014。（獲國史館臺灣文獻館「104年度獎勵出版文獻書刊暨推廣文獻研究」推廣性書刊佳作獎）
- 《護佑婦孺——臺灣十二婆姐陣》，博揚文化，2015。
- 《藝陣傳神——臺灣傳統民俗藝陣》，文化部文化資產局，2015。（黃文博編、與多人合著）
- 《臺南金屬工藝研究》，臺南市政府文化局，2016。
- 《臺南府城舊街新路》，臺南市政府文化局，2017。
- 《揮別傷痛，迎向重生：0206臺南大地震全紀錄》，臺南市政府文化局，2017。（與多人合著）
- 《一心一藝：巨匠的技與美（7）》，文化部文化資產局，2017。（與多人合著）
- 《臺南府城餅舖誌》，臺南市政府文化局，2018。（獲國史館臺灣文獻館「108年度獎勵出版文獻書刊」推廣性書刊佳作獎）
- 《永康區開天宮志》，永康區開天宮管理委員會、國立臺南大學臺南學研究中心，2019。（與戴文鋒、陳宏田合著）

- 《關廟山西宮戊戌科慶成祈安五朝王醮暨遊社》，關廟山西宮管委會，2019。（與多人合著）

單篇論文

- 〈禳災祈福度關煞──開天宮契子過限〉，《民俗與文化》第7期，2012/7。

- 〈歷史與空間：臺灣媽祖廟數量與分佈探討〉，《民俗與文化》第8期，2013/7。（與多人合著）

- 〈臺灣嘉義地區媽祖信仰儀式初探─以新港奉天宮為中心的討論〉（與洪瑩發合著，發表於第二屆海峽兩岸媽祖文化學術研討會，2014/8中國莆田）

- 〈府城傳統糕餅的文化內涵〉，《臺南文獻》第13輯，2018/6。

- 〈關廟山西宮香境藝陣初探〉，《臺南文獻》第14輯，2018/10。（與戴瑋志合著）

作者簡介

鄭佩雯

1974年出生於艋舺，現居府城，「在此作夢、幹活、戀愛、結婚，悠然過日子」。國立成功大學中文系畢業。曾獲鳳凰樹文學獎古典曲組首獎、國立臺灣文學館建築百年圖文徵件比賽佳作。現為臺南市文化局大臺南文化研究員。著有《臺南府城漢藥店誌》（合著；獲國史館臺灣文獻館「108年度獎勵出版文獻書刊」推廣性書刊佳作獎）、《揮別傷痛，迎向重生：0206臺南大地震全紀錄》（合著）、《南方有志：踏出二二八平反第一步黃昭凱訪談錄》等。

大臺南文化叢書第 7 輯——大臺南生命禮俗專輯

臺南嫁娶禮俗研究

作　　者／張耘書、鄭佩雯
社　　長／林宜澐
總　　監／葉澤山
召 集 人／黃文博
行政編輯／何宜芳、陳雍杰、許琴梅
總 編 輯／廖志墭
編輯協力／林韋聿、謝佩璇
企　　劃／彭雅倫
書籍設計／黃子欽
內文排版／藍天圖物宣字社
審　　稿／戴文鋒

出　　版／臺南市政府文化局
　　　　　地址：永華市政中心：70801臺南市安平區永華路2段6號13樓
　　　　　民治市政中心：73049臺南市新營區中正路23號
　　　　　電話：（06）6324453
　　　　　網址：https://culture.tainan.gov.tw

　　　　　蔚藍文化出版股份有限公司
　　　　　地址：10667臺北市大安區復興南路二段237號13樓
　　　　　電話：02-2243-1897
　　　　　臉書：https://www.facebook.com/AZUREPUBLISH/
　　　　　讀者服務信箱：azurebks@gmail.com

總 經 銷／大和書報圖書股份有限公司
　　　　　地址：24890新北市新莊區五工五路2號
　　　　　電話：02-8990-2588

法律顧問／眾律國際法律事務所　著作權律師／范國華律師
　　　　　電話：02-2759-5585　網站：www.zoomlaw.net

印　　刷／世和印製企業有限公司
定　　價／新臺幣450元
初版一刷／2019年9月
ISBN：978-986-97731-2-6
GPN：1010801154
分類號：C062
局總號：2019-488

國家圖書館出版品預行編目（CIP）資料

臺南嫁娶禮俗研究 / 張耘書, 鄭佩雯著. -- 初版. -- 臺北市：蔚藍文化；臺南市：南市文化局, 2019.09
　　面；　　公分. --（大臺南文化叢書. 第7輯；1）
ISBN 978-986-97731-2-6（平裝）

1.婚姻習俗　2.臺南市
538.83308　　　　　　　　　　　　　　　　　　　　　　　　　　　108005959